极限与瓶颈是自我管理和组织管理中不可回避的一个话题，本书的中心主旨是探究我们应如何通过正确的管理方式和良好的自我管理来超越个人极限，敢于去尝试一些看似不可能完成的事情。高效能人士能做出非凡成绩的关键在于其行为方式。

在这本书中，欧洲管理大师马利克分享了自己面对挫折与危机的心路历程，总结了超越极限和关键决策的人生智慧，告诉你如何告别平庸、超越极限，从而更好地体验活力四射的工作与生活。

欧/洲/管/理/经/典

超越极限

[奥] 弗雷德蒙德·马利克（Fredmund Malik）◎著
严佩琦 孙瑜 ◎译

WENN GRENZEN KEINE SIND
MANAGEMENT UND BERGSTEIGEN

机械工业出版社
CHINA MACHINE PRESS

图书在版编目（CIP）数据

超越极限/（奥）弗雷德蒙德·马利克（Fredmund Malik）著；严佩琦，孙瑜译. -- 北京：机械工业出版社，2021.7（2025.5重印）

（欧洲管理经典）

书名原文：Wenn Grenzen keine sind: Management und Bergsteigen

ISBN 978-7-111-68388-9

I. ① 超… II. ① 弗… ② 严… ③ 孙… III. ① 自我管理 ② 组织管理 IV. ① C912.1 ② C936

中国版本图书馆CIP数据核字（2021）第107259号

北京市版权局著作权合同登记　图字：01-2021-1983号。

Fredmund Malik. Wenn Grenzen keine sind: Management und Bergsteigen.

Copyright © 2014 by Campus Verlag GubH, Frankfurt am Main.

Simplified Chinese Translation Copyright © 2021 by China Machine Press.

Simplified Chinese translation rights arranged with Fredmund Malik through Andrew Nurnberg Associates International Ltd. This edition is authorized for sale in the Chinese mainland (excluding Hong Kong SAR, Macao SAR and Taiwan).

No part of this book may be reproduced or transmitted in any form or by any means, electronic or mechanical, including photocopying, recording or any information storage and retrieval system, without permission, in writing, from the publisher.

All rights reserved.

本书中文简体字版由Campus Verlag GubH, Frankfurt am Main通过Andrew Nurnberg Associates International Ltd. 授权机械工业出版社在中国大陆地区（不包括香港、澳门特别行政区及台湾地区）独家出版发行。未经出版者书面许可，不得以任何方式抄袭、复制或节录本书中的任何部分。

超越极限

出版发行：机械工业出版社（北京市西城区百万庄大街22号　邮政编码：100037）

责任编辑：李文静　　王　芹

责任校对：殷　虹

印　　刷：北京建宏印刷有限公司

版　　次：2025年5月第1版第3次印刷

开　　本：147mm×210mm　1/32

印　　张：7.25

书　　号：ISBN 978-7-111-68388-9

定　　价：79.90元

客服电话：(010) 88361066　88379833　68326294

版权所有·侵权必究

封底无防伪标均为盗版

PREFACE
中文版序

很荣幸《超越极限》一书能够被翻译成中文，供中国读者阅读。这本书描写了在岩石上、冰雪中艰难的攀登，同时也关注了那些不为自己设限的人——无论是在工作上，还是在思想、学习、志向和生活上。

本书主要探讨高效、高质量的领导。这不仅包括对各种组织和任务的管理，还包括作为普通人如何负责任地管理、指导和领导自己，以及如何应对运气、命数带来的或自主选择的任务和挑战。

同时，本书也探讨了人生中最重要的几个问题：我是谁？我可以成为什么人？生命中是否存在特殊的挑战？人生的终极意义何在？

1996年，我第一次以游客的身份和妻子及两个孩子来到中国。这次中国之行给我们留下了深刻的印象。两年后，我又应邀以管理专家的身份再次访问中国，为当时的中国国家人事部做了一次关于管理与领导力的讲座。

这也是我与中国合作的起点。从那之后，我长期以顾问、讲师和朋友的身份，为中国各级政府部门、高等学府以及国有企业或私营企业提供教学和咨询服务。

2016年，我有幸获得了"中国政府友谊奖"这一殊荣。在此，我十分感谢我的中国朋友们长期以来对我的帮助与支持。此外，与瑞士圣加仑马利克管理中心中国代表处的朋友、工作人员，以及首席执行官（也是卓越的领导者）、我的老同事和挚友林琳女士共事，也令我倍感荣幸。

弗雷德蒙德·马利克
2021 年 4 月

FOREWORD
前言

　　这本书写给那些在工作中追求出色和高效表现的人。他们力求卓越，并因此过着有意义的生活。他们所追求的生活不仅能为其本身带来愉悦与价值，也能够带动周围的人感知更多的生活能量。

　　本书适合管理者，或者正力求提升管理能力的人士阅读，他们在工作中日益频繁地面临极限挑战。有时面对这种挑战，人们不需要外部压力就可以自我超越，但正如我在《管理成就生活》一书中提出的，当我们面对极限挑战时，更重要的是通过正确的管理方法，让极限边界自行消失，而不需要让我们再耗费过多的精力去突破它。对《管理成就生活》一书中有关这部分话题还未尽兴的读者，可以在本书中一饱眼福。

　　或许有读者会发出疑问：管理和登山能有什么共同之处呢？对于许多人来说，这两者毫不相干。在本书里，我之所以将这两者相提并论，是想借助我对登山的热情来阐述实现高效管理所必备的条件。登山与管理有着异曲同工之处，可以为管理者提供"高升"参考。通过二者的类比，我不仅能够清楚地说明为什么我看待一些问题的视角与众不同，而且可以将管理学中一些抽象的概念阐述得简明易懂。

本书是迄今为止与我个人最密切相关的一部作品，在写作时，我犹如登山时行走在山脊上一般如履薄冰。书中的标题和插图也许会给人造成错觉，让读者以为本书讲述的是我个人的运动爱好。实际上，这不是一本运动生活指南，而是一本管理书。本书关注的并不是登山运动的壮举，而是希望读者远离对英雄主义的错误理解，同时也希望能引导读者打破狭隘的自我边界以及"某事行不通"的思维束缚。本书的主旨是探究我们应如何通过正确的管理方式和良好的自我管理超越个人极限，或者至少要敢于去尝试一些看似不可能完成的事情。

在此我要感谢那些给我的管理理念带来重要影响的人，尤其是彼得·德鲁克（Peter F. Drucker）、汉斯·乌尔里希（Hans Ulrich）和沃尔特·克里格（Walter Krieg）。此外，还有那些帮助我了解系统复杂性的控制论专家，包括斯塔福德·比尔（Stafford Beer）、海因茨·冯·福斯特（Heinz von Foerster）和弗雷德里克·维斯特（Frederic Vester）。同样，我还要感谢那些多年来乐于与我合作的管理者。

我还要特别感谢那些让我接触到登山这项运动的人：我的登山向导，亦是我的朋友的赫尔曼·康普洛（Hermann Comploj）和托尼·特鲁默（Toni Trummer），以及书中提到的所有南蒂罗尔的登山向导。还有我的朋友金特·赖纳（Günther Rainer），他对登山的热爱和对冒险的渴望深深感染了我。我还要感谢我的妻子，她的理解和耐心使我得以坚持这项耗时的运动。同样，我也要感谢我的孩子们，感谢他们能常常陪伴我，让欢乐与我相伴。

我还要感谢赖因哈德·加斯纳（Reinhard Gassner）和安德里亚·雷多尔菲（Andrea Redolfi），他们以极致的奉献精神和专业精神完成了本书的设计；感谢再次与我愉快合作的坎普斯出版社（Campus Verlag）团队。同时，我也要感谢塔玛拉·贝希特（Tamara Bechter）策划和设计本书，并协调出版工作。因为他们的付出，本书才得以快速、高质量地顺利出版。

弗雷德蒙德·马利克

2013 年 11 月，圣加仑

CONTENTS
目录

中文版序
前言

第1章
003　徒步旅行

　　管理者可以向登山者学习吗 //004
　　我的管理观 //009
　　英雄主义与去神秘化 //018

第2章
047　生命的本质

　　自我意识和超越极限 //048
　　普通人如何成就非凡 //070
　　拥抱感官世界 //093
　　自信心、自尊心和自豪感 //113
　　登山的意义，管理的意义 //130

第3章 145 | 创新式管理

新事物是如何出现的 // 146

如何在未知中找到方向 // 162

风险与决策 // 168

第4章 191 | 正确与错误的管理原则

如何变得高效 // 192

常规与完美 // 208

责任与伦理 // 210

参考文献 // 221

高效人士拥有杰出成就的关键在于他们的行为方式。起决定作用的并非他们是谁,而是他们的行为方式。在他们的行为中,始终有一条主线、一种模式贯穿其中。

WENN GRENZEN KEINE SIND

第 1 章

徒 步 旅 行

管理者可以向登山者学习吗

开篇之初,我必须先强调,"擅长登山"并不是成为一名优秀管理者的必备条件。登山或其他任何一项运动,本身并不能够让我们获得领导一家企业或任何其他组织的资质。事实上,由于缺乏登山的机会和时间,大多数管理者更喜欢徒步旅行,这项运动让人们在锻炼身体的同时,也能饱览山水美景。当然,在众多的管理者甚至是高层管理者中也会有出色的登山家,他们当中有人曾攀登过海拔4000米以上乃至8000米的山峰。然而即便如此,管理和登山之间仍不存在本质联系。身为管理者,纵然从未登过山,也一样能够胜任管理工作。

那么登山运动对管理到底有何益处呢?如果你是一名管理者,或是渴望成为一名管理者,同时又爱好登山,那么你就可以在这项运动中快速地学习如何在复杂而难以预测的环境下,比他人更快捷、更专业地做好管理工作。

管理和登山有着许多共同之处:两者均看重身体、心理和精神的力量,强调能量、耐力和承受力;都需要面对自身和他人的极限,在困难危急中勉励自我、逆流而上;都需要清晰地了解自己的长处和短处,具备快速的自我修复能力、精准的评估眼光,以及促进团队高效运作的领导才能。此外,以身作则、领导力、纪律以及决断力亦是重中之重。无论是在管理还是在登山运动中，信任、责任感和道德品格等都是至关重要的。

人们一般要花费数年甚至更长的时间，才能慢慢获得上述各项能力或经验，并在高要求的工作中一展身手。但在登山过程中，我们通常可以直接、快速地获得这些经验，往往在几周或几个月内就可以有惊人的收获。在这个过程中，我们必须掌握什么，需要注意什么，什么才是真正重要的，在这本书中，你定会找到答案。

在登山中，并非一定要以身涉险才能收获宝贵的经验。即使在毫无风险的情况下，人们也能够在短时间内掌握很多平时学不到的知识和技能。登山相当于一场现场的"个人评估"，可以综合、快速、有效地帮我们制订出"个人发展"计划。这听起来有些不寻常，但的确有效。所以，这类涉及个人成长方面的户外活动具有特别的价值。

在过去的 40 多年中，我遇到了来自各行各业、不同层次的无数管理人员，他们当中有经验丰富的，也有年轻有为的，我很早就观察到了运动和管理的相互作用。各类体育运动，特别是某些竞技运动对于管理者的重要性日益凸显。许多管理者会定期进行体育训练，以保持充沛的精力去面对日趋复杂的职业需求。大多数运动不仅有益于身心健康，还能让我们学到在教科书和 MBA 课程中学不到的技能和经验。这其中恰恰也蕴含着对于晋升到组织高层和最高管理职位至关重要的见解。

运动和管理的相互作用，尤其体现在那些要求比较高的户外运动——需要人们在大自然中对自己进行深入剖析的运动之中。

当人们面临生死攸关的决策或是独处高位时，运动中独立内省的经验就显得非常珍贵。马拉松长跑和骑行即是此类户外项目，远海航行亦是如此。不过，对此我一无所知——我有严重的晕船病，因此无法成为一名帆船手。朋友曾邀请我尝试在爱琴海上进行帆船航行，最后我却因晕船而拥有了一次生不如死的体验。

"擅长登山"并不是成为一名优秀管理者的必备条件。

高山是我的运动天地，我爱高山的壮美，也热爱登山。我爱登山带来的挑战，也爱登山时对自己和自然的无边探索，但这并不是说管理者就必须做出"登山"壮举，或者持续终极攀登——征服海拔 8000 米的高峰。身为一名高效的管理者，我们不必"永远处于极限状态"。但在我看来，探索并在可能的情况下发挥自己的潜力，是本能的一部分，不然我们如何知道自身的边界在哪儿，潜力有多大。

当大家能自我激励，把自己从依赖外部驱动或无意识的依赖中解放出来时，个人效能就可以达到全新的境界。很多我们之前认为不可能的事情，也随之成为可能。这令我们从追求成就跨越到享受成就，从被动承受转变为追求自由。

我写作本书并非旨在为读者提供"生活贴士"，而是因为登山对生活和管理来说都堪比一所好学校，我想通过本书告诉大家，普通人如何获得非凡的成就并因此实现充实的人生，而不被成就羁绊。

我认为，正是因为人们不知道自身的极限在哪里，自己的潜力有多大，所以探索自身的潜力才成为人类的本能。

齐瓦兹峰（Ciavazes），小米奇卢兹山（Kleine Micheluzzi），2005

齐瓦兹峰（Ciavazes），小米奇卢兹山（Kleine Micheluzzi），2005

我的管理观

当今社会，各个机构可能都正面临着历史上最大的挑战。传统的组织形式和管理流程还深深根植于 20 世纪，实践起来愈发显得力不从心。如果组织继续使用过时的管理模式和组织方法，将无法适应当今世界的高速变化。

这一点我们在登山运动中也深有体会。登山方式的变化更为迅速，即使是最惊人的纪录，也会很快被新的登山方式所打破，这些纪录的更新速度之快，甚至媒体都来不及报道。对此，一些人忧心忡忡，而另一些人则将其视为可以彰显才能和实现理想的绝佳机遇。

使用过时的管理模式的组织已无法应对新的挑战，就像人们仅仅使用旧式冰镐无法攀爬冰瀑布一样。创新的重要性不仅体现在组织和人员管理之中，生活的各个领域都需要通过创新来不断地提供新的思路和解决方案。

组织如何正常运行

管理是一种社会职能，它可以保障组织的正常运行，从而使组织顺利地实现其发展目标。同时，管理还能够确保人们各司其职、各尽所能。因此，管理能够使各类资源顺利地转化为组织的目标成果。只有通过适当的管理，原材料、资本、劳动力以及能源等资源才能够被有效转化为成果和收益。知识、创造力和人才本身也是资源，即潜力。而潜力只有在合理的管理之下才能得到充分的发挥，进而取得理想的成效。这一点在体育运动中体现得尤为明显：只有通过合理的、有针对性的提升训练，运动员才能发挥出最佳水平并取得最终的成功。这一管理理念能够帮助现代社会的众多组织明确目标和方向，优化组织架构，提高生产效率，从而推动这些组织履行社会责任与义务。

在任何需要通过共同协作、劳动分工以及知识分享达成目标的组织机构中，管理都是整治及推动的力量。公司、大学、医院、城市、协会等，这些组织的正常运行，都离不开管理的推动。如果运行出现了问题，那么一定是由管理的缺陷造成的。

掌控复杂性

在当今社会，管理面临的最大挑战之一就是各个领域与日俱增的复杂性以及日新月异的变革，这是全球性组织体系日益庞大和复杂所带来的结果。这在表面上看是危机，实际却蕴含着经济与社会的深刻变革。这个变革过程正如《21世纪的伟大转变》（*Große Transformation 21*）这本书的书名所言，是旧世界被新世界所取代的转变过程。我们在此过程中所面临的各种危机，都可以被理解为孕育一个新世界所必经的阵痛。

在漫长的历史长河中，类似的转变周而复始，循环往复。在相当长的一段时间里，我都在观察这一变化过程，并且通过接触登山运动，我逐渐认清并理解了这种转变的本质，因为这种转变同样体现在登山运动中。

> 传统的组织形式和管理流程愈发显得力不从心。这也理所当然，毕竟它们还深深根植于20世纪。

目前我们还很难预测，这种转变具体将走向何处。就像登山时遇见迷雾，我们可以隐约看到前方事物的轮廓，却无法看清细节。这种情况要求我们要高度专注，并具备拨云见日的能力，每个人都要打磨好自己的"金刚钻"，并且建立起彼此之间的信任和依赖关系。

表面上看来是危机，实际却蕴含着经济和社会的深刻变革。

越来越多的人有同样的预感：未来，事物的高速变化将不再新奇。人们对前路感到迷茫，却又不得不继续前行。这时，我们采取何种策略应对复杂的环境就显得尤为重要。登山的经历让我领悟到，大自然自有其运行规律，不会以人类的主观意志为转移。人们当然可以在脑海中对一项任务进行预期模拟，但不能局限于制订商业计划。成功的关键不仅仅在于制订计划，更需要有未雨绸缪的睿智。只有那些能够快速适应复杂环境，甚至在面对复杂环境时可以反客为主的人，才更有可能得到机会的眷顾。因此，我也把管理看作对事物复杂性的掌控。这一角度是深入理解管理的最佳途径，能够帮助我们通过深入分析制订出最佳方案。

航海史生动地展示了人类是如何逐渐学会掌控事物的复杂性，如何应对未知和不确定性，以及如何将劣势转化为优势这一过程的。从罗盘、指南针、北极点到坐标系、雷达和卫星系统，这些具有划时代意义的发明，也显示了人类对事物复杂性把控的不断升级。人类之所以能够发现新西兰，就是因为克服了复杂的环境变化、各种难以预见的风险以及远洋航行中信息缺乏等带来的困难。

因此，我的管理理念是在系统论、控制论和仿生学三大复杂性基础学科之上建立起来的。在我看来，系统论是关于有机整体的学说；控制论是有关功能运作的学说；仿生学这一学科则是教我们如何将大自然中的现象和原理应用于组织的运作，以优化其性能。

管理是个成效性职业

在各个阶段保障组织的正常运作，是领导者的职责所在。这意味着在一个组织中，领导者不仅要正确合理地安排工作，还要保证工作能取得好的成绩，即同时保证工作的效率和效果。这就是我将管理视为成效性职业或效用性职业的原因。

想要获得成效，需要采取行动、成功实施并达成目标。在日常生活中，行为与结果之间的联系是直接明了的，所以并不会引起我们过多的关注。然而在组织中，尤其是在大型组织中，做出成效却并非易事。在组织管理实践中，行为和结果之间的联系无论在时间关系上还是在因果关系上，往往都是间接的或模糊的。这就是为什么需要特定的知识、能力和技能才能确保组织管理工作的有效进行。

在登山运动中，成效性也显得尤为重要。同其他运动员一样，登山运动员非常注重成绩。首先，人们去登山并不是率性而为，而是预先设定了目标，然后竭尽所能地去实现它们。其次，在登山者眼中，只有达到预先设定的目标才能算作成功。如果一位登山者在接近山顶时选择放弃，不论出于什么原因，也不论还差几米，都是功败垂成。登山以达到目标为首要任务，过程中会受到效率、情感、经验等因素的影响，但只有达到目标才是成功的标志。

如果你和我一样，在攀登位于阿拉斯加的麦金利山峰时跋涉6000米，却在距离山顶200米处被迫折返，那么就只能抱憾从未成功登顶过这座高山了。虽然200米相对于整段路程只是极小的一段，但对于登山者而言，这最后的200米就是定义是否成功登顶的唯一标准。无法坚持到底，就意味着你从未到达过顶峰。

达到目标才是最终目的，这一点在登山运动中不言自明。为此，登山历史上出现过无数次矛盾冲突。其中一些事件曾在历史上引发争议，如：K2（乔戈里峰）是世界第二高峰，但其攀登难度远甚于第一高峰珠穆朗玛峰。1954年，一支意大利探险队挑战首登K2成功之后，队员沃尔特·博纳蒂（Walter Bonatti）和另外两名队员阿基尔·孔帕尼尼（Achille Compagnoni）及利诺·拉塞德利（Lino Lacedelli）之间便产生了长达几十年的分歧。博纳蒂是当时最优秀的登山者之一，也是挑战首登K2的核心成员，却被上述两位队友施计而止步于海拔8000米的位置，未能登顶，并且在此之后持续遭到探险队领队阿迪托·德西奥（Ardito Desio）和其他登山者的诬陷和诽谤。直到2008年意大利阿尔卑斯俱乐部（CAI）承认了博纳蒂对首次登顶K2山峰所做的贡献之后，他们对他的控诉才得以停止。但是，要想使博纳蒂在登山界完全"恢复名誉"，还需要拉塞德利出面澄清。2004年，80岁高龄的拉塞德利写了《K2——征服的代价》（*K2–Il prezzo della conquista*）一书，借此以安抚自己的良心。从此次事件可以看出，专业登山者的世界是残酷无情的。无论天气如何，也无论登山过程中出现何种突发状况，只有最终的结果才是最重要的。

目标导向和结果导向也是管理中的重要理念。在管理中，结果高于一切。不能接受这一观点的人就不适合从事管理工作。

> **如果一位登山者在接近山顶时选择放弃，不论出于什么原因，也不论还差几米，都是功败垂成。**

即使是最卓有成效的领导者也无法保证一定能够成功实现既定的目标，但他们不会找借口逃避责任。与登山者一样，管理者也常常会经历失败，并不断进行新的尝试和探索。也正如登山运动一样，管理者成功的标准始终是目标的实现。

现如今，管理仍然是保证员工高效工作和组织有效运转的关键。所有组织的成功都离不开正确的管理。管理可以分为两方面，即人员管理和组织管理，能够帮助人们认识到自己的优势，并将其转化为业绩与成果，发现奋斗的意义并获得成就感。

我的登山时光

在因斯布鲁克大学进修期间，我在朋友们的陪伴下，在附近的史度拜冰川（Stubaital）进行了人生中第一次登山和滑雪旅行。回到圣加仑大学后，因忙于学业和后续的研究项目，我能够去登山的时间少之又少。让我重新开始登山的是我的好友金特·赖纳，他充沛的精力和冒险精神总能为我们的周末活动不断注入活力。在他的带领之下，我们一起挑战了意大利多洛米蒂山脉（Dolomiten）的固定绳索路线，体验了西尔弗雷塔山脉（Silvretta）和雷蒂孔山脉（Rhätikon）的登山之旅，还在冬季去附近山区登山滑雪。

为了提高登山技术，我们在意大利著名登山家莱因霍尔德·梅斯纳尔（Reinhold Messner）创立的南蒂罗尔登山学校参加了攀岩和攀冰课程。我们的教练和向导汉斯·卡默兰德和汉斯彼得·艾森德勒都是最好的极限攀登者，也是梅斯纳尔长期的登山伙伴，时至今日，他们仍是登山界谈论的焦点。

管理是保证员工高效工作和组织有效运转的关键。

我们的攀登培训在塞拉山脉（Sellagruppe）和奥特拉山脉（Ortler）地区进行。在培训之初我就很快意识到：若想在登山运动中继续精进，就不应跟随大队人马，而应选择只有两人的绳索队。一次偶然的机会，我遇到了来自意大利阿尔卑斯山地区塞尔瓦迪瓦尔加尔德纳（Wolkenstein im Grödnertal）的年轻山地向导赫尔曼·康普洛，他在不久前刚刚完成向导培训。在他的陪伴下，我的高难度登山之旅开始了，我们沿着小弗尔梅达山（Kleine Fermeda）的东南边缘向盖斯勒峰（Geislerspitzen）进发。我们的足迹遍布了南蒂罗尔、多洛米蒂山脉，特别是塞尔瓦迪瓦尔加尔德纳，它几乎成了我的第二故乡。

我将自己的目标描述为"解锁登山"。与其他人不同，我并不想在登山领域精益求精，而是想全方位地了解和充分掌握登山运动的各种形式。我在通往目标之路上迈出了一大步，这仅凭我的一己之力是无法实现的，是赫尔曼为我打开了通往登山世界的大门。

我们的友谊就此开始，在之后的大约450次攀岩、攀冰和滑雪旅行中，我们在登山和个人发展方面都取得了新的突破。在登山过程中，我们的角色分工十分明确：他是专业的向导，我是业余的登山者；他在前面领攀，而我紧随其后跟攀。赫尔曼在心理学方面也是天赋异禀，他仅通过观察就能准确地把握我在登山时的心理感受。

在登山的过程中，我们往往不会进行过多不必要的语言交流。在默契的配合下，我们一起攀登了多洛米蒂山脉的多个山峰，它们的难度级别都很高，达到国际登山协会划分的八级登山难度中的第六级。这些山峰包括朗科费尔（Langkofel）、托法纳（Tofana）、海利克鲁兹科菲尔（Heiligkreuzkofel）、马尔莫拉达（Marmolada）、奇维塔（Civetta）、盖斯勒（Geisler）、塞拉（Sella）、布伦塔（Brenta）、佩特勒科费尔（Peitlerkofel）、玫瑰园（Rosengarten）、三峰山（Drei Zinnen）和帕拉（Pala）。其中，有些山峰我们登顶过一次，有些我们尝试过二次登顶。在寒冷的冬季，我们也攀爬过陡峭的冰槽峡谷和冰瀑。

虽然我的大部分登山之旅都是与赫尔曼为伴，但我也同样乐于和其他登山向导一起攀登。例如，我曾与毛罗·贝尔纳迪（Mauro Bernardi）一起挑战过"长城之路"（Große Mauer），这是一条莱因霍尔德·梅斯纳尔在六级攀登难度的海利克鲁兹科菲尔发现的奇妙路线；我还与赖因哈德·泽诺纳一同登上了在齐瓦兹峰（Piz Ciavazes）上的意大利61号线路（Via Italia 61）。在登山的高峰时期，来自圣克里斯蒂娜小镇的文森特·伦加尔迪尔（Vincent Runggaldier）也会和我们一起攀登。

登山家伊沃·拉班瑟（Ivo Rabanser）也经常与我们一起攀登。他是杰出的攀岩人才，已经成功完成了数百次最高难度级别的极限首登，并持续追踪登顶山峰的最新动态。他总能独具慧眼地发现那些人们以为已经被征服，实际上却无人问津的攀登路线。在登山途中，我们经常会进行十分有趣的对话：我们会探讨登山运动的历史，伊沃会讲述登山中发生的许多鲜为人知的故事；我们还会谈论他在开辟登山新路线时所使用的精妙的装备；同时，我们也会讨论登山的意义，以及其中蕴含的伦理道德、哲学思想及管理智慧。

缺乏时间是影响我登山的最大障碍，由于工作原因，我很少能抽出更多的时间来登山。夏天两到三周，秋天有时仅有几天，冬天两到四周，对于我的家人来说，这样的时间安排显然有些仓促，但我的妻子仍然能以足够的耐心和包容的态度支持我的登山活动。而山中世界也为我们的孩子们提供了无限的探险机会，时至今日，他们仍然会去山中探险。

一直以来我都有意识地把时间作为关键资源进行规划和管理。我的爱好之一就是持续地尝试新的工作方法并不断改进。1984年，我在教学之余创办了自己的公司，因此需要在圣加仑大学和维也纳大学的教学活动之外，同时兼顾公司的管理、员工的培训以及管理制度的优化。此外，写书也占据了我大量的时间。这样的日程安排意味着时间管理对我来说格外重要，否则即使在周末，我也难以抽出时间登山。

由于挑战高海拔山峰的时间总是十分紧迫，所以我总是想要获得更好的登顶机会。2000年，我们挑战了拉丁美洲最高的阿空加瓜峰（Aconcagua），该山峰海拔约6960米。我的儿子和侄子也参与了这次探险，我们的队伍中还包括来自上萨克森

(Obersaxen)的登山向导，也是我的好友托尼·特鲁默，我与他曾在达沃斯附近地区一起进行了多次登山滑雪之旅。他对阿空加瓜峰已经有所了解。赫尔曼由于受伤未能前来，我们的另一位登山向导是来自德国萨克森州沃尔肯施泰因的登山家卡尔·恩特基彻（Karl Unterkircher）。卡尔在 2004 年仅仅用了两个月的时间，在未携带氧气设备的情况下成功攀登了珠穆朗玛峰和 K2 峰。令人遗憾的是，2008 年他在南迦帕尔巴特的拉阔山（Rakhiot）因不慎失足坠入雪檐中而不幸去世。

> 时间是我一直以来努力学习管理和利用的关键资源。

在攀登阿空加瓜山到达海拔 6200 米处时，我们遭遇了风暴，不得不返回到海拔 5900 米处的柏林营地。我们在那里等待了三天，但天气没有一丝好转的迹象，由于我不能无限期等待下去，因此我们不得不返回大本营，之后我需要即刻启程赶往瑞士。然而，当我们到达海拔 4300 米的大本营时，天气开始放晴，但山体却完全被冻住了。如果再多给我们三天时间，我们就有可能成功登顶，但行程不允许我继续等待，因为除了登山之外，我还有其他的工作和任务，这一度令我纠结，想要在二者之间找到一个平衡点。在这种情况下，正是我的管理经验帮助我做了止步的决定。

英雄主义与去神秘化

无论是在政治、商业、行政管理等活动中，还是在极限运动中，尤其是在登山运动中，管理往往都是媒体关注的焦点。而在上述这些领域中，事件的发生和结果通常都显而易见，胜负成败亦清晰、明确。同时，由于公众的追捧，加之媒体的舆论导向，英雄形象很容易被构建出来，也很容易被毁灭。

无论是大型机构的高层管理人员，还是著名的登山家，都可以被称为领导者。他们被称为领导者的原因不尽相同，所影响的领域也各有不同。但相同的是，他们都给人们留下了深刻的印象，震撼了人们的心灵，树立了榜样，甚至是几代人人生路上的指路明灯。然而，不可否认的是，并非所有的领导者都是卓有成效的，无论是过去还是现在，他们之中都有失败者和误导者。

神话故事中有许多为我们所熟知的英雄，他们在战斗中证明了自己，做出了非凡的事迹，甚至创造了奇迹。如今，我们或许还能回忆起童年时代心目中的英雄。随着我们年龄的增长，他们在我们的心目中已渐渐走下神坛，褪去光环，但在某些方面，他们依然是值得我们学习的榜样。

大多数人往往需要将他人作为自我定位的参照物。这样的人只有受到他人的行为刺激时，才会有所行动。他们需要英雄，无论这些英雄是体育健将、电影明星，还是在股市中快速致富的"股神"。但也有一些人将本我作为人生的参照物。他们不是英雄，也不需要英雄，因为他们在生活中就能实现自我价值。当然，还有一些人已经超越了自我，他们积极地面对社会、自然、精神和生活的挑战，将这些客观挑战视为自我的突破，甚至是自己的使命。例如，高山就在那里，这是客观事实。对大多数人来说，高山仅仅意味着不可突破的极限。然而，总有一些人会去尝试攀登它，因为高山就在那里，挑战也在那里。

从朗科费尔山(Langkofel)上眺望盖斯勒山脉(Geislergruppe)

从克拉克峰（Clarkspitze）上攀岩而下，2011 年

傍晚时分,在奇维塔(Civetta)山顶

大多数人往往需要将他人作为自我定位的参照物，而另一些人却会去尝试自我突破。

同理，经济也是客观存在的。对于一些人来说，经济至今仍然意味着剥削、劳碌和艰辛的工作，对于另一些人来说，经济只是用来致富、成名和变得强大的工具，但是对于某些人来说，经济则意味着机遇与挑战，是他们作为领导者或企业家的个人目标和使命。这些人的动机与传统经济学和管理学所阐释的截然不同：他们努力工作和生活并非单纯为了赚钱，更是为了履行责任和使命，然而他们的收入却往往高于那些以赚钱为主要目的的人。他们坚信自己的信念，并希望尽其所能来证明它。著名的马洛斯需求金字塔对他们来说无足轻重，他们想做的就是以自由、无拘束的状态来实现自己的职业理想。

这种动机尚未得到社会的普遍认可。由于当今社会分工形式复杂，在经济领域中的想与做、讲与行，也就是理论和实践往往无法有效结合起来，毕竟大多数经济学家并非实际意义上的企业家，与企业家也缺乏联系。

一部分人生活在学术圈，另一部分人生活在企业中。学者们因为有养老保障而不必承担经济上的风险和压力，能够有充足的时间思考；实干家却无暇深入思考，因为他们无时无刻不承受着各种生存压力和失败的风险，可能他们的债务已经到期，或是客户拖欠货款，抑或是无法寻觅到新的客户。

勇攀高峰之魅力

和同龄人一样，我年轻时也热衷于阅读早期的那些引人入胜的登山故事,尤其是"登山黄金时代"的事迹。在那个时代,阿尔卑斯山脉的主要山峰都先后被人类所征服。1865年,爱德华·温珀(Edward Whymper)和查尔斯·哈德森(Charles Hudson)首次登顶了马特洪峰,这是阿尔卑斯山脉最后一座被征服的主要山峰。然而,登山队却在下山时因为绳索断裂而不幸全体遇难。

在第二次世界大战之前,人类还从未征服过海拔超过8000米的山峰,然而到了1964年,其中的14座高峰已经被人类成功登顶。这一方面是由于巴基斯坦、尼泊尔和中国西藏的对外开放,另一方面是因为科学技术以及登山装备的进步。由于缺乏合适的麻类材料,人们开始广泛使用尼龙绳,除此之外,登山者也拥有了更耐穿的登山服、更舒适的鞋袜以及新型的氧气设备。

但最重要的还是登山家们在攀登欧洲山峰北坡时不断积累的经验。那是一个充满冒险的登山时代,人们渴望探索更具挑战性的登山路线,攀登更高的山,征服更陡的峰。其中,艾格峰的北面绝壁尤为陡峭凶险,因此被人们称为"最后的难题"。安德烈亚斯·赫克梅尔(Andreas Heckmair)曾带领登山队首次成功征服这条攀登路线,他是居无定所、年轻的"山地流浪者"的代表。这些高山勇士以一种游走于生命危险与人生极乐之间的生存方式,创立了一个与全球经济危机、失业等无关的对立世界。历史学家赖纳·阿姆斯塔德特(Rainer Amstädter)曾表示,在纳粹时期,代表着自由和自主的登山运动受到了极大的限制和约束。尽管如此,登山者们仍把"高山之行"视为自己的神圣使命,并不惜以身犯险。当时,登山运动,尤其是海拔

8000米以上高峰的攀登,在战时和战后的国与国之间的竞争中也被赋予了重要意义。

攀登高峰的壮举和精神也带来了登山文学的繁荣,即使在纳粹时期之后的许多年里,这些文学作品仍葆有引人入胜的魅力。例如,海因里希·哈勒(Heinrich Harrer)对他成功登顶艾格峰北壁经历的精彩描述就尤为扣人心弦。

著名高原医学专家奥斯瓦尔德·欧尔茨(Oswald Oelz)是与莱因霍尔德·梅斯纳尔一同使用绳索攀登的伙伴,也是第三位成功登顶七大洲最高峰的攀登者。他同时也是苏黎世著名的特里姆利市立医院(Stadtspital Triemli)的主任医师,是极少数能够将极限攀登与本职工作都做到极致的人之一。在一次与我的同事克劳斯·盖勒(Klaus Galler)的联合小组讨论中,瓦尔德谈论到了自己对登山和医学的热爱,他的热情使众多与会者深受触动。他将极限攀登与高海拔医学相结合的专业精神也给我留下了极其深刻的印象。

瓦尔德生动地描述了早期的登山英雄对人们的影响:"我想成为一名真正的登山家,就像我心目中的登山英雄们一样。他们是莫里斯·赫尔佐格(Maurice Herzog)、海因里希·哈勒(Heinrich Harrer)、埃德蒙·希拉里(Edmund Hillary)、赫尔曼·布尔(Hermann Buhl)和弗里茨·卡斯帕雷克(Fritz Kasparek)。我曾热切地拜读过他们所写的登山见闻。当埃德蒙·希拉里和丹增·诺盖(Tenzing Norgay)于1953年5月29日登上珠穆朗玛峰顶峰时,我父亲把英国杂志《生活》(*Life*)带回家,杂志里有埃德蒙·希拉里对他登山故事的描述。……我把我所了解到的关于登山英雄们的事迹都写进了我个人的喜马拉雅登山笔记中……几周后，来自因斯布鲁克的赫尔曼·布尔登上了南迦帕尔巴特峰。……我对布尔艰辛的登山经历几乎了如指掌：他忍受干渴，服用药物来驱赶倦意，靠幻想进行自我安慰，最终挣扎着回到了营地。……自此之后，布尔便成了我心目中的英雄。"㊀

然而，媒体对英勇的登山事迹的报道往往不同于对一般体育运动的报道。在报道中，登山往往被美化、意识形态化。虽然我并不成长于那个年代，但也深有体会，尤其在登山方面，人们花了很长时间才意识到登山运动中的英雄主义情节是一种病态心理，并开始反思和纠正那些故事中的意识形态。

直到登山被正式列为国际竞技体育项目，以及莱因霍尔德·梅斯纳尔和新一代登山家们打破了登山的诸多禁忌，登山运动才逐渐走下神坛。自此之后，人们对登山运动的英雄主义词句，如登山者与生俱来的"荣誉""男子汉气概""独傲群雄"或"个人英雄主义"等，逐渐开始了反思和批评。

梅斯纳尔打破了登山界的几乎所有禁忌，早在1968年，他就在杂志《登山》(*Alpinismus*)上抨击攀登时过于频繁地使用膨胀螺钉，并将其称为"对探险的谋杀"。梅斯纳尔非常重视登山过程中的自我目标，尤其是"用公平手段"的登山。他视登山界引领潮流的先驱们为榜样，如安吉洛·迪博纳（Angelo Dibona）、保罗·普吕斯（Paul Preuß）、埃米利奥·科米奇（Emilio Comici）、

㊀ 引自瓦尔德·欧尔茨的《冰镐和听诊器同行》(*Mit Eispickel und Stethoskop*)，原书第19页。

里卡多·卡辛（Ricardo Cassin）、巴蒂斯塔·维纳泽（Battista Vinatzer）、赫尔曼·布尔、沃尔特·博纳蒂和洛伊尔·罗宾斯（Royal Robbins），并在他们的基础上继续突破创新。

真榜样和假英雄

人们何时需要榜样？在管理中，人们何时需要以身作则？我认为，当需要管理者在工作中帮助他人成长时，榜样的力量就显得尤为重要。这与父母在教育子女的过程中，需要发挥榜样的作用是同样的道理。

一名合格的管理者在工作中必须要以身作则、树立表率。如果他们连本职工作都无法胜任，缺乏必要的信誉和权威，那么我们将很难相信他们有能力帮助他人获得提升和发展。正如一位合格的钢琴老师不一定要如极具天赋的青年钢琴家一样精通演奏，但他必须对音乐和钢琴有深入的认识和了解。因此，一名合格的管理者必须是一个能够有效履行职责、以身作则且勇于承担责任的人。

伪命题：理想的管理者

我们应该放弃寻找理想的管理者，不再幻想有全能的天才。换言之，我们应该转换视角，不再问"谁是理想的管理者"，而是问"如何成为高效的管理者"。这是截然不同的两个问题，后者的主体与前者不同，并非天才，而是普通人。

那么，如何才能让普通人拥有非凡的成就呢？即使是最出色的高层管理者，也无法保证自己能够持续保持卓越的表现。这种想法本身就是荒谬的。不断地提出这样的要求无异于纸上谈兵，且有违常理。

高效工作的要素　高效人士拥有杰出成就的关键在于他们的行为方式。起决定作用的并非他们是谁，而是他们的行为方式。在他们的行为中，始终有一条主线、一种模式贯穿其中。

和所有普通人一样，作为行为个体，高效人士是千差万别的。他们的共同特征体现在工作方式上。首先，高效人士无论在何时何地从事何种工作，他们都会高度自律，并始终遵循必要的规则、原则和指导方针。无论他们的任务是什么，他们都坚持有效性原则。

其次，我们可以发现，高效人士会非常严谨和细致地去完成工作任务。此外，他们的工作方法具有明显的方法论和系统论特征：一是具有工匠般的专业能力；二是能够非常熟练地运用相关工具，懂得如何借助工具达到最佳效果。

> 和所有普通人一样，作为行为个体，高效人士是千差万别的。他们的共同特征体现在工作方式上。

高效人士的工作方式很难体现在具体的职位需求之中，因此，追求理想的职位需求清单并没有实际意义。社会组织中还存在着一种错误的观念，认为现实中的组织不需要管理，只需要有魅力的领导者。这样的领导者近似于理想的管理者，这种对管理者的期待，不像是在现实社会背景下的构想，倒像是对古代史诗中英雄人物的刻画。

人们往往会期待具有各种领导素质（如强大有力、精力旺盛、卓有远见、富有魅力、值得信服等）的领袖人物来领导自己，但这种诉求有一定的危险性。若我们回顾历史就会发现，仅仅在 20 世纪，一些所谓的"领袖"就引发了世界历史上的巨大灾难。即使是现在，这种错误认知所带来的灾难性后果也是显而易见的，这不仅体现在政治上，在经济上也体现得尤为明显。

与以往相比，21 世纪需要更多、更好的管理者以应对时代发展所带来的巨变：管理者需要有足够的远见、勇气和智慧来做出开拓性的重要决策。正因为如此，管理者的选择和发展必须顺应新时代的要求。毫无疑问，伟大的领导者自古就有，但是我们不能被历史上那些伟大的领导者的魅力所误导，并以此为标准来衡量现今的管理者。不对具体行为进行具体分析，仅仅依靠假设的、媒体传播的刻板形象去判断一个人，将会产生误导。

人们往往会期待具有各种领导素质（如强大有力、精力旺盛、卓有远见、富有魅力、值得信服等）的领袖人物来领导自己，但我们需要警惕这种诉求的危险性。

刻板的人物形象

在管理领域，几乎每一个重要课题，如激励、绩效、满意度、组织文化和伦理道德，都会基于人物形象进行判断。但令人遗憾的是，在实际操作中大家往往会忽略个体差异和保持灵活性，常常基于固化的刻板印象去评判他人。

美国心理学家道格拉斯·麦格雷戈（Douglas McGregor）1960 年在《企业的人性面》一书中讲述了两种不同的管理理

论——X 理论和 Y 理论，引发了广泛的反响。两种管理理论中所描述的标准化人物形象古已有之，并在历史中不断发展变化。在 X 理论中，人们被视为是孱弱的和需要帮助的，他们自己没有独立行为和承担生活责任的能力，依赖于社会的帮助，他们认为工作是痛苦和艰辛的，因此会选择逃避工作，在工作中也往往需要别人给予激励和帮助。而在 Y 理论中，人们被视为是具有较强能力且能够进行自我激励的，他们热爱工作，乐于做出成绩，能够驾驭自己的生活，并在其中找到意义，进而完善自我。我认为这样的评价标准在管理中并不适用，而且往往是弊大于利的。

放弃类型化　无论一个人在情感上更倾向于哪一种类型，在管理中，我们都应该完全放弃类型化的评价标准。不可否认，避免对人性做出假设绝非易事。但是，我们应该有意识地拒绝套用类型化的评价标准去评价个体，否则就会落入偏见和刻板印象的陷阱。

在管理中，我们思考的前提应该是：我们根本不知道人应该是什么样的。当今世界上有 70 多亿人口，没有完全一样的两个人，每个人都是独一无二的个体。

那么，我们必须深入了解一个人应该是什么样子吗？幸运的是，这不是我们在管理中需要去考虑的问题。我们常常遇到的情形是，我们会认识一些人，并在机缘巧合之下与他们建立合作，有时是我们自己的选择，有时是他人的决策，抑或是偶然的安排。而我们需要了解的仅仅是：这些人是如何工作的，他们如何才能取得最佳绩效。即便无法科学地揭示人类行为动机的共性，我们也需要对此有足够清醒的认识。

发掘个人特质　消除偏见是一种美德，但我在此并不是为了将其作为美德来颂扬，我更想强调其现实的意义。不将人物形象标准化，同时承认我们对他人知之甚少，这种观念可以引导我们去了解团队中每一个个体的特点。不久我们就会发现，没有一个人完全符合某一种类型的人物形象标准。

有这样一位员工，若按照标准化的评估，在工作中他看起来是个 X 理论型的人，每天就只想着尽快结束一天的工作。但令人惊讶的是，他在下班之后，却以极大的奉献精神积极参加各种俱乐部、非营利组织、政党的各项活动，并满怀激情地投身于个人爱好和体育运动之中。在公司里，他只做最基础的工作，但从未缺席过趣味运动会。那么，他究竟是一个怎样的人呢？还有另一位员工，他在工作中表现优异，似乎是个 Y 理论型的人，但私下里却常常在电视前打发时间。那么，他又应该被归入哪一种类型呢？所谓的 X 理论型或 Y 理论型的人，其表现并非总是与 X 理论或 Y 理论描述的完全一致。因此，这种笼统的分类往往并不准确。

> 我们不需要深入了解人性，只需要知道，如何才能取得最佳绩效。

有些人在一段时间内工作效率很高，之后会经历几天或几周的情绪低谷。很多人可能都有过类似的经历：周一上班心情沮丧；周二逐渐进入工作状态；周三成功地完成了一项重要工作，工作积极性显著提升；周四在工作中遇到了一些需要解决的问题；周五大多数人——包括很多高层管理者在内——都开始计划周末了。那么，我们应该如何用刻板的标准去给这些人分类呢？

有些人年轻时愚钝，随着年龄的增长愈发睿智；也有些人则是恰恰相反。在工作中我们经常发现，有些人平日里平平无奇，但在处理某些任务时却能突破自我，一鸣惊人。

任何一个体育教练都知道，在训练中要关注每个运动员的个人成绩和表现，而不仅仅是判断他们是什么类型的人。那些过分执着于人物形象评价标准的人，不仅容易对他人做出错误的判断，而且常常会忽视管理中最重要的一件事，即发掘成员的个人潜能，他们有哪些优势，以及如何利用这些优势。

负责任的领导

英雄是领导者——但也往往会成为不称职的领导者。如前文所述，领导者尤为重要。不过，"leadership"（领导力）是近年来使用频率越来越高的一个带有风险的词汇，而最危险的就是"leader"（领导者）一词。在企业管理中，德语中的"Führung"（管理）一词在极少情况下会直接对应英文中的"leadership"，正确的翻译应为"management"。对于德语中的"Führungskraft"（管理人员）一词，在英语中会被译为"manager"（经理），若是对应较高的组织级别，则常被译为"executive"（高管），在某些情况下，在英语中也会使用"head of……"（某方面的负责人）这一表达，但绝不会表达为"leader"（领导者）。

在以往的文献中，管理和领导常常被放在一起进行比较，以凸显领导的重要性而弱化管理的地位。按照这种观念，管理者仅仅是管理人员、经营人员和执行人员，他们按部就班、墨守成规、只顾眼前，实质上体现的是官僚作风。而领导者则被视为创新者、热情的幻想家和开拓者。例如，一家大型银行的培训经理曾经说过："领导者才能带来真正的变革，管理者只会带来微小的变化。"

另一种观念则将"开拓型领导者"与其他管理者区分开来：领导者被视为是积极开拓创新、灵活开放以及深谋远虑的；而管理者则被视为是封闭被动、机械僵化、墨守成规和视野狭窄的。当然，每个人都有阐述自己理解的自由。但问题的关键在于，我们能否从这种比较中有所收获。

要想深入洞察领导力的核心内容，甚至教授他人，我们首先必须对管理这个概念有一个清晰和正面的理解。只有这样，我们才能进一步了解，领导力在哪些方面超越了管理。

在众多管理者身上，我们都能够看到一名合格的领导者所应具备的优秀品质：思想上面向未来，拥有远见卓识；行动上积极创新，具备开拓精神。然而他们为人谦逊，不认为自己是领导者，更不希望被称为领导者，因为这种行为在他们眼中是自以为是、妄自尊大的。对他们而言，能够被认为是优秀的管理者就足够了。

大谈"挑战"VS 真正的挑战

众所周知，商业企业并不是追求幸福、健康和自我价值实现的理想场所——至少自经济衰退年代以来就是如此。尽管这往往与时代精神相悖，但是不得不说很多有识之士的观点与此不谋而合。

在现实中，狂热追求自我价值者层出不穷且往往出人意料：他们不是那些最受认可的优秀员工，而是那些激情澎湃、热衷表现的员工。我们可以通过以下行为清楚地辨认出这类人：他们喜欢谈论挑战，即便是在手头亟待攻克的挑战已经够难够多的情况下，也总是宣称需要新的挑战，不仅在商界如此，在登山领域也是如此。然而，在这两个领域，人们应对挑战的方式却大相径庭。

在管理中，一个人仅仅是谈论挑战，便会被视为具备积极向上的重要能力特征。但实际上，这恰好能暴露出他能力的欠缺以及对管理的误解。这类求职者在应聘时往往会说，所申请的职位对他们来说是一个"新的挑战"。同时，在媒体采访中，管理者也经常会表明，接受一个新的职位意味着接受新的挑战。

尤其对于管理者而言，有时这可能只是无心之言，但如果发生在公众面前，那就比较糟糕了。身为管理者，他们在开口之前更应深思熟虑。很多人往往并不是合格的管理者，而是追求实现自我价值的自我中心主义者。他们对公司的需求和肩负的责任并不在意，能引起他们关注的只有他们自身的需求。他们既不关心自己是否能够战胜所追求的挑战，也不担心自己是否能够取得实际成效。

商业企业并不是追求幸福、健康和自我价值实现的理想场所。

他们既天真又傲慢，在如今的价值体系下，他们觉得只要经历"挑战"，自己就所向披靡，无所不能，仿佛内心的挑战感就是自身能力的证明。他们需要某种"兴奋剂"来激励自己，同时引起媒体的注意。由于这样的错觉，他们常常会在一段时间之后给自己的继任者留下一个"半成品"或是"烂摊子"，而自己却又踏上了新的征程，准备迎接新的挑战。

有一个典型的例子，一位高层管理者在一次电视访谈以及之后的脱口秀节目中谈及自己某次惊人的快速跳槽，仅仅是因为他需要不断地接受新的挑战。更有甚者：如果工作时他的手没有因为紧张而汗湿，那么他便判定这份工作将无法给他带来乐趣，只能另寻新的工作。显而易见的是，他的言论给一些评论员留下了深刻的印象。他们喜爱这种表达方式，认为这代表着当下流行的管理方式。然而他们却没有意识到，这种行为给不成熟的理念提供了一个传播的平台，并掩盖了其可能会带来灾难的真相。

在登山运动中，人们不会频频谈论挑战，而是更多地谈论结果。即便他们的攀登被载入登山史册，优秀的登山者们也大多表现得相当矜持和低调。一般只有在首次登顶时，他们才会知会相关媒体，出发点更多是为了使登山纪录有据可查。登山者们一直知道高山带来的挑战，但是多数时候，他们并不会大张旗鼓地宣布自己的计划，而是更倾向于低调蓄力，以免其他人捷足先登。

> **在登山运动中，人们不会频频谈论挑战，而是更多地谈论结果。**

事实上，早期管理领域也是如此，直到20世纪90年代初期，股东价值至上和所谓的新经济将大家的认知引入歧途。各种炒作开始蔓延开来，被鼓吹出来的愿景被错误地标榜为创造力、领导力、创业精神和创新实力的产物。这一时代精神所带来的后果是，即便是巨大的损失和严重的欺诈行为，也能被粉饰太平。不过泡沫终有破灭之时，自 2000 年年中以来，形势发生了转变，股票市场开始陷入长期低迷，至今尚未复苏。

信服而非盲目认同 很多公司都希望培养员工的企业认同感，包括认同公司、认同产品、认同自己的工作以及认同公司的愿景。这听起来似乎非常合理。同时，人们也普遍认为，培养身份意识是一种非常符合时代发展的企业文化。然而，我认为这种带有一定盲目性的认同既没有必要，也不值得提倡。

从心理学的角度讲，认同指的是个体在情感上将自己与另一个人或群体等同起来，并与他们的动机和理想趋同。这是人们想要的吗？人们是否可以这样做？是否应该这样做？

在这样的背景下，如果人们被迫认同一家公司的产品，那又意味着什么？我们 90% 的国内生产总值由食品、饮料、服装、消费类电子产品等这些普通的商品贡献，人们怎样才能在严格的心理学意义上对矿泉水、奶酪、香肠、信用卡及智能手机这些商品产生认同感？

员工接受产品，并致力于产品的开发、销售或市场推广，难道这些还不够吗？我们必须承认，员工在对产品深信不疑的前提下，才会满怀信心地销售产品。但是，自发地信服与盲目地认同完全是两个概念。

青春期症状 人们在什么阶段会倾向于认同某件事或某个人呢？我自己在 12 岁到 16 岁期间，对那个时代的许多偶像都产生了强烈的认同感，如摇滚群星、电影演员詹姆斯·迪恩、约翰·肯尼迪、足球天才贝利，当时我还是一名滑雪爱好者，也将赛车手和极限登山运动员视为自己的偶像，其中最重要的就是安德烈亚斯·赫克梅尔，他是第一批登顶艾格北壁的开拓者。我曾经把他们的照片挂在房间里，甚至不远万里只为求得他们的一个签名。

当今的年轻人也有他们自己的时代偶像。16岁的青少年热衷于追逐偶像和英雄是很常见的现象，但是，一个36岁的成年人仍然在狂热追星、张贴海报、收集签名，则是非常令人费解的。作为心智成熟的成年人，他们不应像青少年那样，盲目认同英雄和偶像。

与绩效无关　为什么人们一定要认同公司的某件事情或公司本身？并没有令人信服的证据能够表明：认同感与取得更好的业绩之间有逻辑关系。

管理者应该使员工有能力承担公司重要的业务，并尽可能不受干扰地推动这项业务开展，这就足够了。我们所支付的酬劳与业绩挂钩，而非其他的因素，包括动机或情感。即使我们想把其他因素加入评价体系，也很难做到，因为我们对其知之甚少。

自发地信服与盲目地认同完全是两个概念。

我并不否认有些因素，比如动机，会对工作业绩及品质提升产生积极的影响。然而，认同并不包括在内。比"认同"更重要，效果也更持久的是义务感、责任感、承诺、良知和关怀。最重要的是，让人们能够看到自己所做事情的价值。在本书中，我们将以维克多·弗兰克尔（Viktor Frankl）的理论为基础，继续讨论这一观点。

缺乏客观性　从心理学意义上讲，认同意味着缺乏批判性和独立思考的能力。如果我们认同某事或某人，我们的思想就会与认同的对象趋同，也就失去了客观判断的首要前提。

保持适当的距离，以便能够清晰地独立思考，做出更加理性的判断，尽管这做起来有些困难，但这正是我们应该对管理者提出的要求。虽然原则上不存在绝对的客观，但我们可以创造条件，尽量做到实事求是。作为管理者，我希望身边的同事和员工能够对我说："目前这里的情况不太理想，我们必须做出一些改变……"

然而，产生了认同感的人却做不到这一点。员工成为"应声虫"虽然更易于管理，但并不能够为企业提供更多的帮助。什么都认同，甚至乐此不疲的人，肯定不会成为好的引领者，而只会成为追随者。当人们对于一件事产生了如上述所说的认同感时，他们就不能从事领导工作。

> 员工成为"应声虫"虽然更易于管理，但并不能够为企业提供更多的帮助。

英雄时代的落幕

近年来，许多重新审视领导力内涵，甚至"后英雄时代"管理的文献不断涌现。高层管理"更新换代"的理念也经常被提及。

让我们看一下探险界的典型事例，罗伯特·F. 斯科特（Robert

F. Scott）和欧内斯特·沙克尔顿（Ernest Shackleton）都是南极探险的先驱者，在大约 100 年前，他们展开了一场征服南极点的竞赛。沙克尔顿挑战失败，铩羽而归。而当斯科特于 1912 年到达南极点时，却发现挪威极地探险家罗尔德·阿蒙森（Roald Amundsen）比他更早抵达那里。在返程途中，斯科特不幸遇难身亡。数十年来，斯科特因其悲壮的命运和自我牺牲精神，被誉为英国的民族英雄。但是随着时间的流逝，人们的观念逐渐发生了转变，开始对斯科特的组织和管理能力产生怀疑。批评的声音随之出现，虽然没有形成大规模的舆论，但令之前被众人敬仰的斯科特纪念碑失去了往日的光辉。

然而在我看来，更值得关注的是另一位英雄沙克尔顿。随着社会的不断变革带来不确定性，他去世之后在管理领域备受关注。沙克尔顿被视为高风险环境中优秀领导者的典范。在第二次挑战南极点失败之后，他那句"活着的驴子要好过死去的雄狮"广为流传，也难免令人联想到斯科特的悲壮牺牲。

事实上，早在沙克尔顿开始穿越南极的计划之前，他的船就被浮冰撞毁了。于是，他在茫茫的永冰区开始了极地求生。在沉船 600 多天后，他和队员们终于全部获救。沙克尔顿体现出的领导者个人魅力得到了广泛的赞誉，他在变幻莫测、极端恶劣的环境中所展现出的领导能力也被作为典范加以分析研究。然而，我们却不能忽视沙克尔顿犯下的错误：难道不是沙克尔顿将队员们带入这场灾难的吗？沙克尔顿无视有经验的捕鲸者对强流冰的警告，给队员们配备了从未接触过的越野滑雪板，同时把不能作为运输动物的矮种马带到了南极洲，致使团队陷入困境。运气眷顾了他们，但本打算从对面出发的另一支探险队却全军覆没。

的确，沙克尔顿在沉船后成功地拯救了全队的生命。但正如哈拉尔德·威伦布罗克（Harald Willenbrock）所指出的那样，一开始，也是他眼睁睁地将队员们带入了危险的境地。英雄崇拜的盲目性昭然若揭。

即使是悲壮的色彩也掩盖不了失败的事实。英雄时代已经落下帷幕，这在登山运动中是毋庸置疑的。然而在管理中，"伟人"理论依然大行其道。我们需要抓住契机，把重点放在真正的管理者和真正的成就上。

> 即使是悲壮的色彩也掩盖不了失败的事实，现在是时候去关注真正的成就了。

"超越极限"(Beyond Limits)仅适用于识别自身的极限,在慎重考虑的前提下,对风险进行准确的评估,并思考如何减少超越极限的盲目尝试。这才是所有人类探险中最人道的做法。

WENN GRENZEN KEINE SIND

第 2 章

生命的本质

自我意识和超越极限

世界上为何会有非同凡响的事迹发生？普通人如何才能超越平凡，从而演绎精彩非凡的人生？我们能够达到什么样的目标？自身的极限又在哪里？时至今日，人们仍在试图回答这些问题，或许我们永远也无法找到标准答案。也许只有时间和历史能够证明，在任何一个时代，人类所能够取得的成就，都远远超过了当时人类自己的期待和想象。很多时候我们会觉得已经达到了极限，并且轻易承认和接受了这样的结果，但那些所谓的极限其实往往并不是真正的极限。

我们必须接受哪些限制

超越极限的先决条件是：我们能够认识到极限在哪里。只有这样，我们才能审慎和理性地去面对风险，并在必要时思考如何超越极限。和其他为数不多的人一样，莱因霍尔德·梅斯纳尔在登山运动中一次又一次地突破了那些似是而非的极限。从他身上，人们应该首先学习如何去规避风险，而不是刻意地去面对风险。当风险足以致命时，需要敬畏极限，即不要让事态超出可控范围。梅斯纳行为的实质不是英雄主义，而是理性的思考和专业的行动。

绝对的极限是指人类所能企及的最高层级。在绝对的极限之上，谈论人类的主观能动性将毫无意义。但所谓的绝对界限在哪里呢？如果我们对极限的界定停留在过于狭隘的范围内，就不能真正绽放自我价值、充分挖掘自身潜能，以致停滞不前……

很多时候我们会觉得已经达到了极限，并且轻易承认和接受了这样的结果，但那些所谓的极限其实往往并不是真正的极限。

从"为什么"到"为什么不"

曾经有一名学生在研讨课上听闻我的登山经历之后问我："登山是英雄的运动吗？"我是英雄吗？当然不是，在管理领域不是，在登山界更不是。但是，我在登山过程中，确实曾在情势所迫之下，有过超越自身极限的经历。

1994年，我和赫尔曼在位于多洛米蒂山脉海拔550米处西南面的斯科托尼峰（Cima Scotoni）上探索了一条名为拉塞德利（Lacedelli）的路线，它的攀登难度为六级。当时天气酷热，而我们却没有携带足够的水。在行至距山顶仅剩三分之一路程的时候，我差点完全脱水了，舌头几乎不能动弹，也无法开口说话。如此疲惫不堪的经历是我从未有过的。在路线的尽头，有一条如烟囱般陡直的坡路，我们必须爬上去才能登顶。穿过一段石子路之后，我站在了陡坡的下方。当时在身心俱疲的我看来，爬上去几乎是没有希望的，但我们的确又没有其他路可走。赫尔曼耐心地鼓励我，告诉我这个困难是可以克服的，而且上面可能会有水源。最后，我终于做到了。那时已经是晚上八点，我们看到了天空中最后一缕美丽的夕阳，但上面没有什么可以解渴的东西。直到下山的时候，我们才从一处岩石缝中冒出的细流中喝到了几小口，那水小得简直可以忽略。那时，我们已经达到体能的极限了吗？是的，绝对是，但又或许还没有达到……

为了探索自我，同时也为了成为更好的自己，我开始尝试去触及自身的极限。为什么要这么做呢？也许我永远也无法给出一个通常意义上的答案。但回想起来，每当我成功地超越自身的极限时，都会倍感快乐。有时，放弃或继续超越就在一念之间。我也曾内心纠结，抱怨陡峭的高山或艰难的任务，然而，我深知超越自身极限这一原则不容推翻，也因此有时不知不觉就成功了。虽然并非每次都能如愿，但多数情况下皆能有所收获。在管理和登山中皆是如此。

为什么不呢？是啊，为什么不呢？ 对我来说，发掘并充分发挥自身的潜能，是人类本能的一部分。把自己从依赖外部驱动的模式中解放出来，为自身的潜能打开了全新的视角、设定了全新的标准。很多我们之前认为不可能的事情，随之成为可能。这是从被动承受到主动追求的转变。这就是生命的本质，我们的内心从"为什么"向"为什么不"转变。

然而，人们的成长环境和教育方式使得这种转变很难实现。原因有二，其一是因为人们潜意识中给自己设定了限制——安于现状，希望既有利益不受损害；其二，则缘于思想上对成就的抵触，缘于平均主义，更主要的是缘于对人性的误解。

尽管如此，人们仍然会克服一切阻碍，屡屡超越新的极限，始终以积极的态度审视自身的能力。但是，在绩效和绩效导向方面，历史上被赋予先锋地位的经济领域，现如今仍未打破限制的枷锁，不仅如此，限制和束缚还越来越严重。通常情况下，人们并非有意为之，而是因为一些基本规范已经不再适用，反而成了束缚。这种情况在管理培训和继续教育中屡见不鲜，甚至在中小学教育中早已出现。这些人为的、完全没有必要的限制主要是由动机理论造成的。另外，这些限制的枷锁也是由错误的个性发展策略所导致的，这些个性发展的出发点往往是错误的，即过于注重消除个体的弱点。

这是从被动承受到主动追求的转变。这就是生命的本质，我们的内心从"为什么"向"为什么不"转变。

动机理论被提出之前　我想以动机理论为例，尤其是管理教育和培训中的动机理论来做进一步的阐述。人们只有在受到激励的情况下才会积极工作并实现正向绩效，这似乎已经成为一个普遍的、毋庸置疑的定论。因此许多人认为，只有在自身被激励的情况下才应该去工作。紧接着的进一步推导似乎也是合乎逻辑的：人们只有在特定需求得到满足时，才会激发自身的动力。在特定需求没有得到满足之前，他们就不会执行任务和开展工作，也许心里还想着："亲爱的老板，我今天有点不在状态，请给我鼓鼓劲儿吧……"

或许我们已经忘记了，人们是如何开始研究动机的——这一概念主要起源于20世纪50年代的美国。很少有人去思考，在开始对动机有认知之前，世界是如何运转的。当时，在繁荣的美国之外，人们都在忙于生计，根本无暇思考自身行为的动机。我常常在想，在动机这一概念被"发明"之前，人们在做些什么，当时甚至没有这个词，更不会有人把动机视为一个问题。人们之所以努力工作、创造业绩，当然是源于自己的价值观，但最重要的还是出于单纯的生存需求。

人们工作的原因不在于享受工作，而在于必须工作。他们视工作为自己的职责。即使在今天的发达国家，人们对工作的需求仍然没有消失，但由于社会福利制度的发展，工作需求在相当程度上得到了缓解，这是好事，甚至可以被称为社会成就。但相应地，人们在工作中的责任感也大大降低了。例如，在管理培训中，如果一个人仍然提倡履行职责，甚至将其作为组织文化的价值基础，那么他定会被视为冥顽不化。但在某些组织中，如医院和急救机构，人们仍然能够清晰地感受到这种价值观，否则这些组织将无法正常运转。

在动机这一概念被"发明"之前，人们在做些什么？

一些人只有当自己感到舒适和愉快时，也就是只有当自己有动力时，才会积极地工作。在动力消散之后，他们则不再想去探索极限和尝试超越极限。对于大多数人来说，探索极限是枯燥乏味的，与之相伴的是更持久的努力和更辛勤的付出。而往往正是这看似"超人般的"最后奋力一搏，在历史的长河中不断地证明，我们完全可以比别人和自己想象中做得更好。

这在危机、紧急和战争状态下体现得尤为显著。在经济繁荣的和平年代，大多数人都无法想象自己在极端情况下有多强的承受力，能够取得什么样的成就。在贫困地区，我们可以看到很多这样的例子；在科学和艺术、商业和政治、教育和医疗等领域，类似的事例也不胜枚举。能否超越极限，不在于人们是否有动力，也不在于他们能否获得快乐。在特定的环境下，人们会产生完成任务、把握局面、履行职责的使命感，并最终超越自身的极限。在这种情况下如果我们还只关注自身的动力和快乐，那就显得荒唐可笑了。

这种观念大多被认为是老生常谈，因为相关的激励教诲已经在许多人脑中根深蒂固。但我们很快就能意识到，如果每个人都只做自己有动力去做的事情，那么这个社会将根本无法运转。相比鼓吹一些毫无意义的励志说教，我们更应该鼓励人们不要过于关注自己的动机，而要学会如何充分利用自己的技能和精力。

对于大多数人来说，探索极限是枯燥乏味的，与之相伴的是更持久的努力和更辛勤的付出。

处于极限？

我在与管理人员交谈时探讨最频繁的话题之一就是极限，这也是我们每个人在一生中都会面对的问题。正视自身极限对每个人来说都至关重要：它让我们学会区分事物之间的差异，让我们知道什么时候应该继续尝试，什么时候应该学会放下、重新开始。同时，了解自身极限也能帮助人们学会自我保护。但我们对极限边界一次又一次的拓展也展示了人类自身的巨大潜能。我们希望清晰地了解自身极限，是为了准确地进行自我定位，同时也是为了超越并重新定义极限。

极限问题也是自我和组织管理中不可回避的一个话题：我们所探讨的极限究竟是什么？它们是真正的极限，还是假定的、虚假的极限？若我们在任何时候遇到极限都只能选择被动接受，这样的人生则未免有些悲哀。我们首先要明白一点，有时自己感觉已经达到了极限，但是这些所谓的极限并不是真正的极限，因为我们自身的极限往往比自己能想象的要更远。

这一问题的重要性不容忽视。或许有些人会认为，忽略这个问题对生活并不会造成太大的影响，但对我来说，逃避是断不可取的。是否要探索甚至超越自身的极限，是我们每个人自己决定的。然而，大部分人在不到万不得已的时候都不会这样做。而那些少数勇于超越自身极限的人，最终定义了新标准、拓宽了视野，同时也证实了自我超越是人类生存的本质。在我看来，管理工作最有意义的内容之一，就是鼓励和支持全体员工（不仅是年轻人）挑战并超越自身的极限。

我们希望清晰地了解自身极限，是为了找准自身的位置，同时也是为了超越并重新定义极限。

我们常常会感受到自身能力的局限，其中不仅包含压力，还有恐惧和力不从心。在工作中，无论是身为老板还是员工，也无论工作是成功还是失败，我们都会或多或少地经受来自极限压力的考验。不管这些极限是想象的、真实的、外部给予的还是自我设定的，决定效能和业绩的关键在于我们如何对待极限。对待极限的态度也决定了我们对待工作以及所在组织的态度，同时也深刻地影响着我们的生活方式。

这个话题是当今最重要的管理问题之一，也是工作与个人生活融合之关键。人类生存和发展的核心就是经历并超越极限。然而，想要做到超越极限绝非易事。也正因如此，我们才要坚信，我们将比自己和他人想象的更强大。

人类最显著的特征之一，就是能够取得任何人（包括自身）无法想象的伟大成就。身为一名管理学教师，我有义务也有责任再次强调：能够超越自身的极限是人类最显著的特征之一。反之，若忽视自身的潜能，长期处于消极状态，则会导致事业和个人发展的失败，同时也违背了人的发展规律。

习惯于关注和发掘员工潜能的管理者，未必能够受到所有人的欢迎。但对于重视成效的管理者来说，重要的是员工能够在他的帮助下抓住机遇、充分发挥潜能，而受不受欢迎则显得无足轻重。

不管这些极限是想象的、真实的、外部给予的还是自我设定的，决定效能和业绩的关键在于我们如何对待极限。

如临深渊

对效能和效能极限的讨论，使人们开始更多地去了解那些勇于挑战不可能的人，比如那些自愿去挑战高峰的登山先驱者，以及那些处于复杂、高压、目标和意义模糊的环境中的大型组织机构的管理者——他们的生活和健康状况究竟如何？

提起登山，很多人首先会联想到雪崩、落石、坠落等客观存在的危险。也许有人曾经看过一部关于征服有"死亡之墙"之称的艾格峰北壁的电影，或是听说过莱因霍尔德·梅斯纳尔穿越南迦帕尔巴特峰的故事——在那里他不幸失去了他的兄弟，抑或是听说过其他令人伤感的登山故事。我们往往很难理解，为什么会有人选择铤而走险。1961年，在勃朗峰的弗莱尼山柱发生的灾难中，当时六位最优秀、最有经验、最强壮的登山者中，有四位死于精疲力竭。当人们听闻这场灾难时，也许能体会到登山者身处绝境，不得不放弃的无奈……

外人对心理压力的威力知之甚少，面对心理压力，即使是最优秀的登山者也不能幸免。在登山运动中，人们既能够最大限度地体验愉悦、专注和兴奋，也会感受到如临深渊般的绝望、恐惧和压抑。

在管理中，人们同样也会拥有这样的两极体验：一种是惊人的成功，实现了只有最勇敢无畏的人才能实现的宏伟目标，或是做出了除真正的领袖人物外没有人能做出的伟大创新；另一种则是彻底崩溃，受到股东和媒体的责难，导致破产和丧失社会认同感，或者面临灾难性的危机，最后以高层管理者的自杀而告终。这样的结果令人深思。在相当大的程度上，这是组织运作不良导致的。

管理人员的自杀现象已经成为一个社会问题。尽管媒体做了很多关于管理者处境和工作压力的观察分析，但这些并不足以解释，更不足以解决管理者所面临的问题。对此，我们需要更深入的观察和更长远的考量。

职业倦怠 在大量有关职业倦怠以及自杀案例的文章中，我没有发现任何分析管理者工作方式的文章，也未见有人将管理工作的成效性作为核心指导思想进行讨论，抑或谈及类似理念，即管理的功能在于保障组织内部各项活动的正常开展，发挥其作用。这就好比在医学中只谈论解剖学和生理学，却完全忽略了人体还有神经系统一样。而恰恰只有通过神经系统，人体的各个机能才能够实现正常的运转。

职业倦怠是目前职场中普遍存在的现象，并整体呈上升趋势。许多媒体对职业倦怠综合征进行过详细报道。专家否认职业倦怠是一种单纯的疾病，并给出了充分的理由。在此，我们不对这个心理学专业问题进行讨论，因为即使没有心理学的结论，我们也无法忽视过度要求、压力和无成就感带来的后果。

无论是作为管理者还是普通人，我们都应该思考，自己将如何应对效能和效能的极限问题。在登山运动中，往往是登山事故促使登山训练方法不断改进，而在管理中，因果关系却往往是相反的，人们会不断改进管理方法，从而避免问题的产生。当然，面对当前的职业倦怠问题，人们也提出了不少应对建议。

我们应该如何应对效能和效能的极限问题？

需要指出的是，这些建议中几乎没有几项能够从全局出发，促使组织更好地全面运作。我们为何不从这一点着手进行改进呢？例如，通过培训提高管理者的专业水平，或引进更适合于复杂环境的管理制度。这些措施与登山训练相似，包括提升个人工作能力的有效性训练。这种方法虽然不能完全消除压力，但通常可以在短期内缓解压力。合理运用管理工具也极为重要，这能够帮助管理者在完成更多任务的同时，大大减轻自身的压力。

我们经常会读到有关管理者压力的文章。这些文章对管理者压力的表现形式及其所造成的生理和心理后果进行了较为详细的描述，然而，大多数文章是较为片面的，因为其中都只提到了压力的消极影响，即劣性应激（Dystress），而压力的积极影响，即良性应激（Eustress）却几乎未被提及。有趣的是，人们提出的应对压力的建议都如出一辙：放松、健康护理、按摩、泥浆浴、泡澡、深呼吸与释放、学会倾听与共情、上网娱乐……这些建议听起来十分美好，但往往收效甚微。

为什么那些简单且已经被证实有效的建议没有被提及呢？在这里，我们便给大家提供一整套方案，其中包括四条建议：通过优质的管理培训来提高执行任务的专业水平、脚踏实地地工作、丰富个人生活以及定期锻炼。

合理运用管理工具极为重要，这能够帮助管理者在完成更多任务的同时，大大减轻自身的压力。

多年来，我曾与很多不同级别的管理者一起工作，但我从未遇到任何人在做到了这四点之后，仍然持续处于压力之下。很多（但不是所有的）管理者都在努力工作，他们会面对超负荷的工作任务，会遇到麻烦甚至遭遇危机；会因为对自己的决策没有十足把握而顾虑重重；不能够保证每天都心情愉悦，到了晚上常常疲惫不堪……这与普通人并无二致。即使是外科医生、备考的学生、工匠、教师、销售人员、侦探、卡车司机等，也不一定会比管理者更轻松、幸福。

优秀的管理者不会自怨自艾，亦不会公开谈论自己的感受。他们更愿意专注于自己的工作，并不断改进工作方法。在这个过程中，他们能够体会到自身不断进步的喜悦。他们深知，除了在思想上自我设限，效率和效能其实是没有极限的。与其鼓吹他们思维敏锐，倒不如说他们更善于安排和利用时间。他们往往通过实质内容和客观事实，而非包装和表象，来进行自我定位。他们不把时间浪费在"作秀"上，而是悉心培养"匠心"；他们不讲究形式而注重结果，不计较投入而重视产出。最重要的是：他们对自己的工作有极强的把控力，能够区分任务的轻重缓急，并最终把事情做好。

他们在晚上可能会感到身体劳累，但精神并不疲倦，其秘诀就在于他们的工作效率高、时间管理做得好，因此，他们在繁忙的工作之余也能在周末为自己、家人、朋友以及生活中美好的事物留出时间。通常，他们会拒绝接受有关应对压力的采访，原因有二：第一，他们并没有感受到过度的压力；第二，他们不想为此浪费自己的时间。

突破绝境

如果尚未系统地感受过自身极限和体验过如何超越极限，那么区分客观存在的极限和主观感受的极限是十分困难的。这方面的例子不胜枚举，在竞技体育运动中体现得尤为明显。

每个耐力运动员都曾体会过训练中所必经的"绝境"。经过一段时间的训练之后，身体的所有机能仿佛都在说："停下来吧，别再让自己这么劳累了……"如果总是被灌输要倾听自己的感觉、相信自己的直觉，那么他们就会不假思索地接受身体发出的信号，同时认为主流（或流行的）学说充分证明了自己做法的正确性。

但是有经验的运动员都知道，人绝不能屈从于自己的直觉。运动知识和实践经验告诉他们，人是可以突破绝境的。如果人们无法在绝境中有所突破，就永远无法完成马拉松赛跑或长距离滑雪那样的耐力比赛。他们也深刻地认识到，只有克服所谓的限制，才能使自己的身体进入专注（也叫"心流"）的状态。这是人们专注于某种行为时所表现出的一种心理状态，不需要任何外力就可以持续且高度集中地进行一项活动。在滑雪旅行中，我想到了"冥想行走"这个说法。广袤的雪地吸收了除了自身行走和呼吸之外的所有声音，从而带来绝对寂静的环境，使我们得到一种运动、感觉、思考完全融合在一起的感觉。我称之为"万物合一"。

我对此有更为深刻的体会，是在每年与诸位好友一起体验的滑雪登山旅行中，他们包括两位顶级经理人彼得·高格（Peter Gaugg）和卡尔·施托斯（Karl Stoss），以及赫尔曼、莱因哈德·泽诺纳和文岑茨·伦加尔迪尔（Vinzenz Runggaldier）等优秀的登山向导们。我们旅行的路线包括从阿让蒂耶尔（Argentiere）到采尔马特（Zermatt）再到勃朗峰的被称为"高级路线"的经典路线，以及从罗勒帕斯（Rolle Pass）到塞斯托（Sesto）的多洛米蒂山脉的"高级路线"，还经过瓦莱州和伯尔尼高地的大片地区，包括西尔弗雷塔（Silvretta）、伯尼娜（Bernina）和奥尔特斯（Ortles）。我们背着沉重的行囊，栖息在狭窄的小屋里，常常经历令人惊叹的恶劣天气。在这种恶劣的环境中，登山向导们的专业素质和责任感得到了充分的体现。

对于我这样的系统科学家来说，管理和攀登在更高的层次上是相通的，我不仅能够从理论上认识到这两个领域的相似之处，而且能够在实践中真正体会到这种相似性。不论是在忙碌了一周后，度过一个轻松的周末，还是在成功登顶后，享受一览无余的冬日山地美景——这两种情况有着相似的系统完整性及和谐性，都归功于我的个人能力。因此，除了经历和成就带来喜悦，我还因自身能力或者说是个人成效而感到欣喜万分。

精神的反抗力量　人们可以学会激发自己的潜在力量发挥作用，奥地利著名心理治疗师维克多·弗兰克尔将这种力量贴切地称为"精神的反抗力量"。弗兰克尔一生热衷于登山，他曾感慨，自己之所以选择登山，就是为了战胜自身的恐惧："我们必须被动承受自己内心的所有恐惧吗？难道我们不能战胜恐惧吗？奥地利著名剧作家内斯特罗伊（Nestroy）在其剧作《朱迪思和霍洛弗内斯》中也提出了这样的问题，'我现在十分好奇，自我和本我到底谁更强大？'"㊀

每个人的内心都或多或少地拥有这种力量，但只有少数人能够真正理解和运用它。当我们试图突破绝境和瓶颈时，这种内在力量往往能够起到决定性的作用。然而，我并没有从目前的动机理论中找到这一观点。我们常常以情感而非自己的"精神的反抗力量"为路标，然而以往的经验告诉我们，无论是突破绝境，还是实现超越，情感因素都不是可靠的路标。我们更应该听从内心的"反抗力量"，充分利用其所带来的自由和能量。

㊀ 引自维克多·弗兰克尔的《登山经历与感官体验》（*Bergerlebnis und Sinnerfahrung*），原文第 5 页。

攀登斯特维亚山(Stevia),2011 年

是客观极限还是主观极限

以我与各级管理人员合作 30 多年的经验来看，管理者在工作中遇到的极限，首当其冲的就是工作方法的匮乏。我们感受到的并非潜能的边界，而是现有方法的边界。它体现在我们做事的方式，尤其是工作方式之中。

是效能的极限还是工作方法的极限？ 我从未见过哪位成功的管理者不曾多次改进自己的工作方法，且不仅有微调，还有完全打破重来。个人工作方法的全面改进至少存在两大障碍：第一，教育体制往往忽略了培养个体在组织中找到工作方法的能力。很少有人能在小学和中学阶段就适时地学会个人工作方法，因而也很少有人能体验到个人工作方法带来的在校学习乐趣。

> **情感因素不是可靠的路标。我们更应该听从内心的"反抗力量"。**

因此，大多数人的工作方法都是随机形成的习惯，这种习惯被视为既成事实，很少有人对此产生过质疑。大多数人在第一次遇到瓶颈之前对自己的工作方法都漠不关心，由于缺乏更深入细致的了解和反思，他们往往认为这些极限是客观存在的，并将成为他们最终的极限。

如果工作方法像阅读和写作这些基本技能一样传授后能立竿见影，那么仅凭这一点，大多数组织都会运转得更好、更有效率，人们的压力也会大大减轻。

第二大障碍是，人们通常认为，世界上存在着一种普遍适用的工作方法。我所见过的大多数培训师和所读过的大多数相关文献的观点也都与此相近，但我的经验是：没有哪两个人的工作方式完全相同。工作方法是高度个性化的，它需要符合个人特征，比如各人有各人不同的任务、处境、环境因素、老板和同事，尤其是日新月异的科学技术影响。即便是其中一个影响因素发生了变化，你的工作方法也要随之改变。不过，不同个体之间差异化的工作方法仍应遵循高效工作的普遍原则。

通过一些例子，我们可以了解到人们是如何通过改变工作方法，从根本上实现突破自身极限的。例如，有些人因意外事故或疾病而不得不面对全新的生活环境，但通过调整工作方法，他们就能够克服不利的情况，不仅能应对突如其来的限制，甚至能够反制不利条件，从而达到更好的工作效果。

我自己也曾有幸与一位90多岁的优秀律师在监事会共事。虽然他已经很久没有出过庭了，但是他处理法律案件的方法仍然非常明智和高效。他每天只工作三到四个小时，但处理的事情比我每天工作八个小时处理的还要多。在他的身上，我对于真实与虚幻的极限又有了更深的理解。尽管年事已高，但先进的医学充分造福于他。他装有一个人造膝关节和人造髋关节，却也乐于在山中旅行，尤其是多洛米蒂山脉，他曾在那里连续徒步旅行数日。除此之外，他还配备有现代化的助听器，进行过眼部激光治疗。

在精神上，他比大多数年轻人更活在当下，是个敏锐的思考者，也是个充满激情的律师。人们很少听到他讲那些老年人常讲的怀旧故事。他立足现在，展望未来。当我向他请教时，他非常热心地给了我很好的建议。

后来他从董事会辞职，然而辞职的原因与我们想象的却不太一样，他辞职并非因为自己年纪大了，而是因为他长期以来的秘书——一位可以协助他的有效的管理者——辞职了。他眨眨眼诙谐地说，以他的年龄再去适应一个新的秘书可能不是明智之举。

体育训练的目的之一，就是获得突破绝境和瓶颈的能力，换言之，就是学会超越所谓的极限。除运动之外，当然还有很多方法来提高自身的这一能力。在我看来，任何一种能让人自信地体验自我的方式，最终都能让人拥有这种能力，当然，这离不开学习。我们必须认识到，真正的极限并非存在于它出现的地方，而应该在更远的前方，并且应该远超我们的想象。整个人类的发展史就是一个证明。

我不认为所有的人都必须持有这种观点。归根结底，每个人都有自我定位的自由。然而，那些追求自我、追求任务达标和事业有成从而乐于创造业绩的人会正视这些问题，并承认极限仅仅是一个相对的概念。只有如此，人们才能更好地认识自我的潜能，并更好地开发和利用它。

我们必须认识到，真正的极限并非存在于它出现的地方。

我们主观想象的极限常常会显得咄咄逼人，但事实上，人类在此前还未曾达到过客观存在的极限。我们的主观极限往往会受到许多因素的影响，比如情感、经历、经验等。但只有达到目标才是成功的标准。

还是缘于生活方式的局限？ 不仅仅是不恰当的工作方法，我们的整个生活方式也会给自己带来束缚。但是，正如我们需要不断地改进工作方法一样，我们也同样需要改善自己的生活方式。每个人当然都有权决定是否要保留某些生活习惯，但要想让生活达到最高效能，同时保持内心的平衡，有以下几个关键要素要满足。

第一，良好生活方式的基础是拥有一份有意义的工作，而不只是为了赚钱，尽管这也很重要。其更重要的意义在于，能为他人和他事做出贡献，以及对社会的建设性意义。创立了"意义疗法"的维克多·弗兰克尔和"现代管理学之父"彼得·德鲁克，都曾强调过外向型贡献的重要性。

第二，建立良好的人际关系。关系的类型并不是最重要的，重要的是，这些人际关系能够符合自身的需求，否则，我们在许多情况下很快就会感觉自己已经到达了极限。

良好生活方式的基础是拥有一份有意义的工作。

第三，拓展工作之外的个人生活维度，如个人的兴趣爱好、好奇心、求知欲、开放的心态、欣赏自然及艺术之美，等等。以我个人为例，每一次长途滑雪或远足，都能让我快速从工作的疲劳中恢复过来。

第四，保持良好的身体素质。无论男女，从40多岁开始，身体机能就开始逐渐衰退，人们会感到身体的诸多局限性。但是，只要我们系统地维护自身健康，这种限制就会神奇地消失。为此，我们不需要付出太多，既不需要过度运动，也不需要完成某些特定的"使命"。在医学上，人们对体育锻炼的方式看法不一，但是合理的体育锻炼对健康的积极作用以及缺乏体育锻炼所带来的不良后果都已经得到了证实。除此之外，体育运动对人类的心理健康、情感体验、生命活力和幸福感等方面的益处，也远远超出了对身体的积极作用。

对于主要从事脑力工作的人而言，体育锻炼是避免体验匮乏的少数途径之一。办公与管理工作对我们的要求主要是思想上的，而体育运动能够在理性与感性、认知与感觉之间建立一种平衡，其中包括动觉，即对自身运动状态的感知。我不主张将自己全部的精力都投入到自己从事的行业和组织中。在工作之外，我们可以自由选择在哪方面拓展自己的极限。我们也可以以崭新的状态，将精力投入到自身、爱好以及家庭上。重要的不是训练的目的，而是在思想上摒弃所谓的限制。

扬长避短 另一个系统地阻碍人们探索极限的例子，就是管理领域中所谓的"人的发展"（Human Development）。其目的是发现个体的弱点，并努力克服它们。如今，我们有许多不同的方法去发现自身的缺点和不足，这在人力资源管理和培训中也是至关重要的。在管理中，我们需要了解每个人的弱点，但首要目标并不是消除弱点，而是避免在安排工作时将员工安排到他的弱势领域。就个人而言，我们应该努力弥补自身的不足，但是在企业内部，情况则有所不同。

如果我们过于关注弱点，就很容易忽略一个事实，即人们很难通过消除弱点来获得成功，成功往往源于培养和充分利用现有的优势。这种要求员工消除弱点的理念，表面上看是人性化的，实际上却是一种误导。事实上，它不仅不能帮助员工，反而会阻碍他们的发展，因为这减少了他们发现自我极限、发掘自身潜能的机会。那些想要克服自身弱点的人，往往会付出超乎常人的努力，但是也很难做到出类拔萃。他们在自己并不擅长的领域费心费力所取得的成绩，对该领域擅长的人却可以不费吹灰之力就获得。努力是巨大的，但相比之下，结果却不尽如人意，甚至令人沮丧。

一切伟大的成就，无论是在体育、艺术、科学领域，还是在商业和政治领域，都是充分利用已有优势的结果。这些取得成就的人不会过度关注自身的缺点和不足，也不会浪费时间去克服缺点，而是在自己和他人的激励下，充分发挥自身的才能，"以才增色"。

人们很难能通过消除弱点获得成功，成功往往源于充分利用已有的优势。

优势的局限还是弱点的局限　我们需要思考的是，我在自己的优势领域已经达到了极限，还是我在自己的劣势领域所付出的努力达到了极限？假如你不擅长游泳，但又要坚持游泳，那么你很快就会达到一个无法超越的极限。但是，如果一个人擅长跑步，那么他距离真正的极限还很远，现阶段感受到的极限未来很有可能会被突破。

人的大脑，尤其是我们的感知系统，似乎总是擅长接受负面或破坏性的信息。不可行的事物往往更易引起我们的注意，因为它们会带来一系列问题。同样地，他人的缺陷也往往会成为我们关注的焦点，因为它们会带来麻烦，而我们必须费力去解决这些麻烦。

如果我们以关注优势的眼光去观察人，就会发现：那些看上去最无能的人，也有他们自身的优势——即便屈指可数。此外，我们还会发现，即使是最有能力、最优秀的人，也会有一些明显的弱点。令人担忧的是，我们经常会把关注点放在他人的弱点上，并且想要不遗余力地消除它们。这种管理策略往往是致命的。

假设一个人有缺陷，比如在沟通、团队合作或是工作所要求（无论是否合理）的任何其他方面存在着弱点，于是，他被要求去参加有针对性的提升与发展计划，如参加培训课程或接受一对一的指导。然而，这些策略是针对他自身能力的缺陷而制定的，并不能强化他的自身优势。

如前所述，关注优势并不意味着忽视弱点。我们必须关注并十分准确地了解员工的弱点。但是，这样做并非为了消灭弱点，而是为了避免在安排工作的时候将员工安排到他们的弱势领域。正是错误地要求员工在自己不擅长的领域有所作为，导致他们被设下明显而又残酷的限制。这种管理不仅不能成功，而且会使人迅速感触到自己的极限，想要放弃。这也是导致人们感到挫败和失去动力的重要原因。

普通人如何成就非凡

本书会提及一些杰出人物，但是最吸引我的往往还是那些取得了非凡成就或是在努力追求卓越的普通人。在当今这个充满不确定性的时代，我们常常会发现身处在并不乐观的环境中，却被要求做出最好的业绩。如果你希望或必须要有出色的表现，或许可以在本书中获得一些启发。

关键性的一步就是摆脱盲目的个人崇拜，提升境界，持续改善组织的绩效水平。常常感到疲惫、倦怠，因强压而导致抑郁，或是遇到挫折就打退堂鼓，这些因素都会对组织的创新和重塑产生负面影响。因此，组织需要的是那些工作方法高效的人，他们能够快乐地工作，并能在较小的压力下取得更好的业绩。

如今，我们所需要的组织既要稳定又要高效，每个组织都必须能够将这两个特征有效地结合起来。拥有杰出成就的个人，对于一个组织甚至整个社会来说都是榜样，但拥有杰出成就并不是普遍适用的标准。即使需求日新月异，保持业绩的持续性仍是基石，也是人们所期望的目标。其中包括：稳中求进比追求单次的卓越表现更为重要；发展的连续性也不可或缺——即使在充满活力的环境中，不断地改变方向也足以把一个原本优秀的组织摧毁。

最吸引我的，往往是那些取得了非凡成就或是在努力追求卓越的普通人。

写此书的目的之一，就是批判超人神话，即拒绝对拥有超能力的天才的盲目崇拜。这里我想强调的是，即使是普通人也能取得超出期望的卓越成就。

从外部激励到自我激励

我的建议是，我们应该超越普遍意义的激励观念，特别是要摆脱总是需要老板、他人或者其他外部力量来激励自己的观念的束缚。

对于大部分人来说，依靠外部力量来激励自己也许是可行的，但对于管理者来说，这样的想法完全不可取。如果我们想要或者需要成为一名管理者，就必须迈出从被激励到自我激励这一步。

等待别人给予动力的人，很难获得成功。这类人具有依赖性，即使他们由于意外、运气或错误的人事决策而获得了较高的职位，也无法摆脱被他人领导的命运。终有一天，他们会经历痛苦和失望，因为没有人能够永远激励他们。走出这一困境其实并不难，我们只需要做到把自己的内心从依赖他人的激励中解脱出来，学会自我激励。

我们需要将狭隘的、索取的态度转变为一种积极主动、自我激励的态度，摆脱那种认为自己只能从外部获得动力的固有观念。我们内心的力量和自主性，远远超出了一般心理学所能感知的范围。从根本上来说，要想摆脱对外部激励的依赖，必须得靠我们自己。

开创性的成就和真实的震撼

在生活和工作中，尤其是在管理中，最重要的事情莫过于让一个人（尤其是年轻人）从小就意识到，自身的极限是可以被超越的。唯有如此，我们才能更好地挖掘自身的潜能。人的培养和促进也无外乎于此。这和剥削、利用并无关系，这是人类最人性化的探索，是人类对自身的探索。"努力成为最好的自己"，应该成为我们的一句座右铭。

1978年春,莱因霍尔德·梅斯纳尔和彼得·哈贝勒(Peter Habeler)首次在无氧的情况下成功登上了珠穆朗玛峰,备受瞩目。他们并非历史上无氧登上海拔超过8000米高峰的第一人——此前,赫尔曼·布尔在南迦帕尔巴特峰以及沃尔特·博纳蒂在K2峰也曾经无氧攀登,并幸存了下来。但梅斯纳尔和哈贝勒这次无氧攀登并不是有计划的尝试,而是迫于恶劣的天气条件和探险队领队的失误而所做的无奈挣扎。

这一成就在登山界引起了轰动,梅斯纳尔和哈贝勒也因这一开创性的成就被载入登山史册。这是现实带来的震撼吗?在媒体看来,的确是这样。但是就个人表现而言,却并非如此。

从本质上来说,最关键的是要摆脱对外部激励的依赖,努力成为最好的自己。

无论是人员领导还是组织管理,开拓者要做的无疑是将不可能扭转为可能。真正值得关注的是,一旦不可能被证明可以成为可能,其他人会纷纷效仿。在梅斯纳尔和哈贝勒成功登顶之后,同年秋天,又有3名登山者在无氧条件下成功登顶珠峰。两天后,登顶人数已增至10人。此后,越来越多的登山者也做到了无氧攀登,这证明,那些我们想象的极限是可以被超越的。如今,无氧攀登在顶尖高山攀登者中已经司空见惯。对于他们来说,有氧攀登珠峰已经不能再算作成功的登顶。

实际上,每项体育运动中都有类似的事例。从某种意义上说,超越极限是体育的本质。不光体育运动,人类的每一项活动中都有许多成功超越极限的例子。或许探索、定义并超越极限才是人类生命的本质与意义。

假如你还没有尝试过挑战和超越自己的极限，那么现在就应该勇敢地去尝试。即使最后颗粒无收（这种可能性微乎其微），你也会对自己有更深的认识。这是人人都可以尝试的一次震撼心灵的探险之旅。在重新定义自身极限的同时，我们也将经历生命新的洗礼。

攀登是我们探索极限的理想试验场。在这里，我们可以根据自身所想和所能的"剂量"来进行试验，在没有任何客观风险的情况下体验并探索自身的极限。我们甚至不用去爬山，攀岩馆或者攀岩公园就是理想的攀登场所。在这里攀登，不仅安全有保障，同时还可以主观感受自身的极限。有可能在离地面仅几米的高处，我们就开始感觉到无助和眩晕，尽管理智告知自己很安全，但感觉却往往相反。我们将经历恐惧、劳累、疲惫、失败、沮丧，或是在同一个地方不得不一次次地放弃……

同样，我们也会拥有攀登所带来的积极体验。当最终突破一系列的限制，终于在反复失败的地方获得成功时，我们将会拥有无与伦比的幸福感，以及如孩童般纯真的自豪感。

经过几周的坚持，我们就可以清晰地感受到自身的变化。首先是训练的客观效果，我们能够自如地控制肢体，所有动作都能轻而易举地做到。而更明显的变化则体现在我们的主观感受上，尤其是那种获得成功之后的真实感。这就是我所想表达的真实的震撼。我们深知，现在的自己已经达到了此前无法企及的境界，获得了对自身以及周围环境的掌控和自我成长，视野也随之开阔。继而我们会为自己设定一个更高的目标。

挖掘潜力

管理领域经常用到"潜力"一词。英文中有一个专门的表述——"高潜力"（High Potential），用来形容那些大有可为的人。但是，与潜力相比，我认为应该更重视绩效表现。尤其在管理领域，我更希望强调"高效能"（High Performance），而非"高潜力"（High Potential）。

这两者绝非同一概念，我们在这里也不是简单地进行文字游戏。潜力是一种可能性、一种愿景、一种希望，我们很难对其进行可靠的评估，而效能是可以被检验的东西，我们可以清楚地判断出一个人所取得的业绩和所表现出来的实力。除了已经展现出来的效能，其他的都只能是猜测、推算和期望。

选择高效能者而非高潜力者　迄今为止，我们还未能找到一种有效的方法，能像识别高绩效一样去识别高潜力。我们只能根据已往的表现去推测。与其依赖不确定的潜力，我们还不如关注那些已经取得成就的人，以及他们在工作过程中展现出的自身优势。因此，当需要招聘人才时，我们不应从"高潜力者"中，而应从"高效能者"中寻找合适的人选。

因此，在管理良好的公司中，人们不依赖潜力，也不喜欢谈论潜力，因为他们知道，这样做有可能会唤起错误的期望和野心。潜力评估的唯一依据是能力测试和实践检验。在这样的公司里，长期（通常是终身）的归属，以及顺利完成日益庞大的任务是最为关键的。全球最大的食品公司——雀巢公司就是一个很好的例子，曾长期担任首席执行官兼董事会主席的赫尔穆特·毛赫尔在他多年的高层管理实践中就引入了这一原则。在工作中，他和所有的高层管理人员都始终在坚定地贯彻这一原则。

除此之外，还有一点至关重要，关乎全局：天赋和潜力这两个词都聚焦于个体，仿佛获得成功的所有先决条件仅仅在个体身上就能够全部找到。然而，人们忽略了影响成果和成功的重要因素有两个：一个是拥有自身优势的个体；另一个是需要完成的具体任务。要注意的是，我们在这里讨论的不是"工作"或"职位"，而是"任务"，即英语中的"Assignment"。与职位不同，任务指的是，我们处于某个职位在未来一段时间内的重点工作内容。

我们需要的不是一份"高潜力者"清单，而是一份"高效能者"清单。

如果你想带领员工做出业绩，为公司做出成绩，只有一个办法：发现员工的优势，并将这些优势与他们的任务相匹配。

这并非易事。但是与改变个体相比，调整任务要容易得多。如果过分关注个体，我们就会很容易忘记影响成果和成功的第二要素，也就是任务。管理良好的公司会把关注的重点放在任务上，即使他们的雇员并非多领域的天才，而仅仅是普通人，也能帮助公司取得卓越的成就。

自我引领，超越极限

俗语说："人之所能为者，他人皆必能行之。"但这个说法并不完全正确，我们必须对其稍加修改，改为"人之所能为者，他人亦必能行之"，你能完成的任务并非所有人都能够完成，我们需要区分个体能力的不同。

这为我们的管理工作指明了方向，既可以带领员工和组织取得更突出的成就，同时也不会让他们承受过多的负担。要实现这一目标，依靠的不是常规的激励、奖赏、鼓励或空洞的赞扬，更非强求，而是借助更具有挑战性的工作，帮助员工学会如何利用新工具去完成工作任务，并借鉴他人成功的经验，证明我们能够突破局限，超越自我。正如人们不会被一成不变的幻灯片演示文稿所吸引一样，如果管理者只是口头上要求和鼓励员工，是不会有任何成效的。

悲情的英雄时代早已落幕。人们会通过自己信任的人来进行自我定位，这通常不是因为好感或共情，而是因为认可其成就。身为管理者，我们应告诉员工，我们不必接受自己所谓的局限性。但是要做到这一点，我们首先必须赢得员工的信任。正如登山一样，没有人愿意跟随自己不信任的向导。大家之所以相信他，是因为他已经无数次证明了自己能够做到。

一个人能做的，别人能做的……我能做到吗？

首次登上被认为是不可攀爬的高峰，首次在雪沟和峭壁体验极限滑雪，这些"首次"为我树立了新的标杆。在经历了这些之后，一个观念在我内心安营扎寨，那就是：其实我也可以做到。

我和赫尔曼几乎走遍了塞拉和萨索隆戈所有陡峭的沟壑，大多数时候我们都不使用固定绳索。仅仅是向上攀登，已经非常惊险刺激——耗时长、难度大，只能靠自己，几乎没有人会进入这片"疯狂"的危险地带。攀登前需要进行长时间的训练，了解如何正确地使用装备，以及在不同的情况下如何滑雪才安全。当滑行到极端弯道时，我们需要高度集中注意力。通常前几个弯道我们都是谨慎地试探着滑行，因为这些区域要"踩"扎实了才能避免摔倒。

无论是个人还是组织的发展，都有一个先决条件，那就是认识到阻力并不意味着达到了极限。陈旧的工作方法、错误的组织和人力资源管理方法不应成为捆住我们手脚的枷锁。

通常情况下，大多数人都不会主动去寻找机会。只有少部分人会主动寻找机会并引导他人跟随自己的脚步。企业若想业绩长红，就需要这少部分人树立准则和标杆。

登山是一项不断挑战自我的运动。一些登山队也许会同时在同一条登山路上争相攀登，但他们并不是为了争出你强我弱，而是为了征服高山。成功与否，不在于别人是否设障，而在于每个登山队员是否让自己变得更强大，更接近成功。登山活动也必须严格遵守道德规范，避免不正当竞争。

不同于英雄时代的攀登，现在，攀登并不意味着要和山峰或者自然力抗争。攀登者不需要与其他的人或物抗争。即使是上文所述的与自己的较量，也并不意味着争斗。这是一种不断提升自我能力的努力——内心对此前的极限产生怀疑之际，就是个人能力提升之时。

适度赞美

赞美是一种强大的力量。这一点不言自明,大众也高度认可。然而,在工作和生活中却也存在着过度赞美的现象。真正能给我们带来动力的赞美,应该是来自我们所敬重的人,并且应该是符合时宜、恰如其分的。

因此,每时每刻都表达赞美并不合适。赞美可以是动力,但如果使用不当,也会失效。大部分人对于赞美都有着敏锐的嗅觉,从孩童时代就能意识到得到的赞扬是否恰当。他们知道,自己的业绩也许并不值得称赞,也清楚正常的工作表现并不需要得到特别的赞扬。不合时宜的赞扬往往被认为是带有操纵性和别有用心的,反而会引起不愉快。因此,我们应吝惜赞美之词,不轻易夸赞他人完成分内之事。

> **攀登者不需要与其他的人或物抗争。攀登本身是一种不断提升自我能力的努力。**

大多数人并不期待别人对他们在劳动合同中所承诺的、有报酬的正常工作表现给予赞扬,也很少有人会因为没得到赞扬而不悦。当然,偶尔能听到鼓励的话也会让人感到开心。对于人们超出责任、义务所做出的贡献,尤其是对于卓越的成就,给予表扬是恰当且必要的。

组织中确实有一些人需要经常得到赞扬,以弥补他们所缺乏的认同感。但这些人不能成为我们制定表扬标准的基准,相反,他们会成为每个组织都面临的严重问题。最终,他们会阻碍管理和绩效的提升，使工作氛围变得紧张，也会使组织无法公平地对待每一位员工。如果我们以这类员工的需求为衡量标准，那么"赞美"这种有效的激励工具将在最短的时间内失效，并最终导致组织的低幼化。

在登山中，优秀的向导都深谙这一道理。尽管从严格意义上讲，他们几乎都没有受过专门的心理学训练，但他们凭直觉做了正确的事情：吝惜对别人的赞美。

大多数我所认识的登山向导都是沉默寡言的，他们只会讲一些最要紧的事。若有人在一次高难度的攀登中被向导认为表现"还算不错"，那么这种赞美就是有分量的，会深深地镌刻在我们的记忆之中，激励我们朝着下一个目标奋进。

成功的秘诀：善用既有优势

个人所能做的最重要的决定之一，就是在组织中找到自己的归属感，这样我们才能够积极探索并充分发挥自己的主观能动性。在一个组织中，如果我们感到自己没有被理解和需要，那么我们就应该选择果断地离开。如果老板无法帮助员工解决这一问题，那他就不能算是一个称职的管理者。或许有一天我们将不再拥有选择的余地，但我们只要还可以选择，就应该去那些可以促使我们超越自身极限的地方。

想要取得卓越的成就，我们就必须时刻警醒自己，尽力在自己的优势领域大显身手，而不要奢望在自己的劣势领域中大有作为——虽然这在小概率情况下也是可能发生的。假如你恐高，就不要期待自己在登山界取得非凡的成就。像我一样晕船的人，也最好不要指望自己能赢得某场帆船比赛。

我们在此强调的是"既有优势",而不是那些尚待开发和培养的优势。之所以要强调这一点,是因为大多数人在一生中的大部分时间都在做背离这一原则的事情。他们总是试图发掘一些新的技能,而不是充分利用已有技能;他们努力消除自身的弱点,而不是持续充分发挥自身的优势。

"善用既有优势"这一原则会对所有与人力资源管理相关的事务产生巨大影响。这不仅关系到某一个员工的个人发展,而且还会影响组织内其他员工的培养和管理,如人员选拔与培训、岗位设置与招聘、任务分配、绩效评估与潜力分析等。若我们遵循这一原则,就会产生非常理想的效果,大多数人都会取得良好的业绩,有些人甚至会获得卓越的成就。反之,若我们忽视这一原则,即便是无意的,也可能带来灾难性的后果。我们所说的管理中的悲剧,很大程度上正是源于我们对这一原则的忽视和无知,其后果往往是无法弥补的。

将优势与任务相匹配

尽管管理层经常谈论适应性和灵活性的话题,但是在大多数情况下,适应工作的责任都落在了员工的身上,他们更希望是员工而不是组织做出改变。若要对组织进行变革,使工作任务基于员工的优势进行部署,那么管理者变革的意愿就会大大降低。在这种情况下,管理者就倾向于采用教条的组织理论,比如试图让组织脱离人的因素。

一般情况下,善用既有优势并非易事,但颇有成效。如果我们能够做好优势与任务的匹配，虽然不能获得 100% 的成效，但必定会带来两项成果：第一，可能会取得突如其来的卓越业绩，而卓越的业绩在具有优势的领域（且只有在这些领域）才能实现；第二，我们还会观察到，管理者不必再为激励员工的问题劳心费神。激励问题之所以能得到解决，原因在于：员工在自己擅长的领域内工作，根本不需要额外的激励，他自己就会干劲十足。反过来说，我们也无法激励员工在自己不擅长的领域取得出色的业绩。

让员工消除自身的弱点，这个出发点本身就有问题。单单要做到消除弱点，就需要付出巨大的，甚至超出常人的努力。很多人可能会有这样的理念：如果最终能消除弱点，那么付出再多的努力都是值得的。然而，这个理念本身就是错误的，因为没有弱点和拥有优势完全是两码事。消除弱点并不能自动产生优势。即使一个人按照学校的标准，将一门外语学得还算不错，我们也不能就此推断：在这门语言上拥有显著的优势，就可以凭借这种优势成为作家或者翻译家，并取得非凡的成就。

很少有人能想到对组织进行优势化改革。然而，取得卓越的成就只有在优势领域才能实现。

很多时候，尤其是在年轻的时候，我们对自己的优势和劣势缺乏恰当的认知与成熟的判断，有的只是希望、憧憬和幻想。大部分人的自我评价能力都是有所欠缺的。教育系统和学校越来越重视所谓的"教学进步"，从而取消了成绩考核，弱化了目标与结果的对比，也模糊了标准的制定，以致人们越来越难以进行客观的自我评价。因此，他们不仅不能回答自己在哪些方面具有个人优势（取得成功最重要的因素）这一问题，而且常常不明白这一问题的重要性。

消除弱点往往需要付出巨大的努力，其结果也往往令人失望和沮丧。相反，如果发挥既有的优势去完成某项工作，将会事半功倍。我们在自己的优势领域也更容易取得突出成就。这种非对称的情形几乎无处不在，掌握了这一原则的人，无论是在管理上、体育上还是在私人生活中，都更容易获得成功。

从理论上讲，良好的人力资源管理必须像专业的体育训练一样，设计周密，目标明确。从事青少年运动培训的教练会让孩子们在一段时间内尝试所有适合的运动项目，同时观察并记录他们的表现。一名优秀的教练会很清楚地知道，他应该把关注重点放在哪里。经过这个测试阶段之后，他会和每个孩子单独谈话。他可能会对一个孩子说"你是一个短跑健将"，并引导这个孩子在短跑领域发展。比如在训练中会让他反复练习起跑，因为这是短跑取得好成绩的关键。对另一个孩子，教练可能会说："你不擅长短跑，你的资质更适合长跑，虽然我现在还不知道多长的距离更适合你，但无论如何，短跑不是你的优势。"因此，这个孩子的训练项目中可能不包括起跑，因为这不是赢得长跑比赛的关键，从来没有人是因为起跑快而赢得马拉松比赛的。但是，教练会帮他训练和增强耐力，教他如何在跑步中运用战术，这些才是长跑的关键。

在这样的训练中，可能存在某种消除弱点的行为，但这与前文所说的消除弱点不能混为一谈。这些训练消除的是那些阻碍运动员发挥自身优势的弱点。例如，一名短跑运动员需要不断地训练和精进起跑技术，但这方面的训练让他与马拉松运动员的强项渐行渐远。优秀的教练不会让跳高运动员去参加田径赛，也不会让游泳运动员去推铅球。优秀的教练会遵循优势原则来选拔运动员，使运动员的优势与他们从事的运动项目相匹配。当然，这并没有降低对每个细节精益求精的要求。

不要试图改变个性　迄今为止，我论述的都是让大家不要试图改变人的个人特点，尤其是个性。有太多的管理者都在做这方面的尝试，但他们并没有明说，美其名曰是"个性开发"。但归根结底，这就是在改变员工的个性。

改变个性这一企图是错误的，对此我们可以给出很多理由。首要的一条，这是不合情理的。或许有些人认为这无关紧要。那么，我们必须关注一个实际问题：个性真的可以改变吗？即使可能，能否在合理的时间内实现这种改变？

当人们进入组织参加工作时，尤其是当他们已经20多岁，甚至30多岁时（在这个年龄段，迟早会有机会进入管理岗位），他们的个性已经基本定型。尽管有些许疑虑，但我还是要承认：在幼儿时期，个性和性格是可以改变的。但是，随着人们年龄的逐渐增长，改变的难度也会越来越大，到30多岁的时候，改变个性几乎已经是不可能的了。

值得注意的是，我并不认为人们无法改变自己。只要有足够强烈的意愿，就能够做到。但这种情况凤毛麟角，且只会在特定的情况下发生。很大可能是因为人们遭受了沉重的打击，或者承受着巨大的压力，极少是因为人们意识到自己的不足而主动寻求改变。只要生活和工作一切如常，几乎没有人会认为有做出改变的必要，尤其是在需要付出巨大努力的情况下。我也承认，一些职业以改变个性为目标（尽管困难重重）。但在我看来，这样做的结果并不能尽如人意。

改变个性并不是一项管理任务。尽管理论上是可能的（我对此表示怀疑），但是实践证明，改变个性并产生明显的效果需要消耗太长的时间。管理的任务就是接受员工的现状，发现他们的优势，并设计出与之相匹配的工作任务，将员工的优势转化为绩效，最终取得成果。任何其他的尝试，无论在道义上还是经济上都是行不通的。

改变个性并不是一项管理任务。

如何识别优势？ 综上所述，令人惊讶和费解的是：管理领域至今几乎没有建立起个人优势开发的辅助机制。即使探讨和研究这一主题，所提出的优势开发方案也都将人"引入歧途"。

原因就在于这样一个近乎公认的观点：如果一个人喜欢做一件事，那么他就能把这件事做好。职业顾问经常问的一个问题就是：你喜欢做什么？我们也会经常问孩子们这个问题，希望能从中发现他们未来的职业发展方向。大多数人都相信这个观点，很少有人对比提出质疑。但这一观点是错误的，**"喜欢做"与"做得好"之间并没有必然的逻辑。**

那么，这个想法源于何处呢？一般来说，在不愿做某件事和做不好这件事之间，存在着很强的关联性。如果一个人不愿意做某件事，就很难把这件事做好，原因很简单：对于自己不喜欢的事情，人们习惯于拖延和逃避，更不会主动进行深入的探索和钻研，因此也无法积累相关的专业知识和经验。但是任务总归要做，因此我们会赶在截止日期之前匆匆完成任务。正因为存在这种必然的关联性，人们就反过来推导出这样的观点：如果喜欢做某件事，就一定可以做好它。但是，这一推论并不正确。

实际上，我们需要重新思考并表达这句话。如果将因果关系转换一下，这句话就可以说得通，即：因为做得好，所以喜欢做。但是，这仍然不是问题的关键所在。对于大多数人而言，决定成功与命运的关键问题是：我们做什么事情比较容易？可见，真正重要的逻辑关联不是存在于"爱做（喜欢做）"和"做好（做得好）"，而是"好做（容易做）"与"做好（做得好）"。

这一点在体育运动中体现得尤为显著。有些人不擅长球类运动，但在田径运动中优势却显而易见。在田径运动员中，有些人擅长短跑，但在长跑比赛中却很难取胜。在登山界，有些人擅长极限登山，却不适合高海拔的攀登。同样，在管理中，有些人对数字十分敏感，而有些人计算能力却很差。

那么，一个人做什么事情可以很轻松呢？这个问题非常重要，主要因为如下两点：第一，它能引导我们发掘自身优势，走向成功；第二，这一点尤为重要，因为做起来轻松，所以容易事就没那么显眼，我们也就难以关注和利用好它们。这些被忽视的容易事却往往是至关重要的，因为它们是提升效能、取得成功的关键，能够帮助我们短平快地取得成功，让我们获得成就感、幸福感并找到人生意义。

卓越绩效的两个来源 管理者一旦接受并采纳了"善用既有优势"的原则,许多顽固问题就会迎刃而解。反之,如果忽视这一原则,那么无论付出多少努力,问题都难以解决。不仅如此,由于这个原则为我们指明了方向,我们可以实现前所未有的高绩效。当我们深入探究如何实现卓越绩效的时候,我们可以发现有两点很重要:第一,精准识别优势;第二,完全的专注。

我们若想有所成就,就必须利用优势;若想要充分发挥优势,就必须坦然面对自身的诸多弱点,而且这些弱点往往是显而易见的。我们需要想办法弥补这些弱点,但这并不意味着要消除它们。我们要做的是,让这些弱点变得无足轻重、无关紧要,这也正是组织工作的目的。无论一个组织具备什么职能,其首要的职能之一就是充分利用优势,同时削弱劣势的影响。这一原则对组织中的团队也同样适用(团队可以被视为每个组织中最重要的子单位)。

为便于理解和阐述,我举一个例子加以说明。如果组织对待弱点的态度(也可以是组织文化)表现为管理者对员工这样的评价:"穆勒先生是一名优秀的机械设计师,但很难相处,不善于与人合作,没有团队精神,没有进取心……我们应该让他走。"那么,这个管理者就犯了一个原则性的错误,背离了正确的管理理念。这句评价应该倒过来说:"穆勒先生?的确,他是一个难以相处的人,不善于与人合作,没有团队精神,也没有进取心……但他确实是一名不可多得的机械设计师。作为他的上司,我的任务就是让他专注于自己的设计工作。假如他很难融入周围的环境,那么我可以来帮助他解决这方面的问题。我们之所以聘用穆勒先生，不是因为他讨人喜欢、易于相处，而是因为他的设计可以让我们领先竞争对手三年。"

正确的教练——通向成功的领航员　"善用既有优势"这一原则也为管理教练（Coaching）或培训指明了正确的方向。当然，在私人生活中，教练的目的不仅仅是发掘优势。尽管教练非常受欢迎，但无论它在其他领域有多么成功，并非所有的教练形式都适用于管理领域。在管理中，我们不仅员工需要接受专家的专业指导，管理者本身也需要对一些管理学流派加强了解。管理者要做的是推进工作、学会授权和提供支持。他们应该是组织中的协调者、沟通者、耕耘者和推动者，同时也扮演着激励者、主持者、指导者和调停者的角色。

让弱点变得无足轻重、无关紧要，这才是组织工作的目的。

因此，教练在管理的角色转变中举足轻重。在语言充满任意性的后现代，人们往往无法理解教练的真正含义。由于缺乏概念上严格的区分，每个人对这一概念都可以有不同的解读。

随着时间的推移，有关教练 Coaching 的基本观念逐渐形成。教练 Coach 普遍被理解为那些为缺乏判断力和决策力的人群提供支持和帮助的人。在私人生活中，我们可以自由地解读这个概念。但是在组织管理中，专家或管理者对于这一概念也许会有不同的理解，那么，我们应该以他们的解读为准。

管理者的工作纷繁复杂，在大多数情况下，管理者需要给予员工关怀与建议、帮助与支持、调节与指导。毫无疑问，管理的这些维度有时可以帮助组织中的员工取得业绩、应对困难、走出低谷。

然而，上述这些工作对于整体管理运行来说并非首要任务。管理者首先要做的就是管理，帮助组织取得业绩、实现目标才是管理的第一要务。这也是组织为什么需要管理者，并高薪聘请他们的重要原因。

管理者首先应该做的就是管理工作。

因此，教练一词无法涵盖管理工作的含义。在一些特殊案例中，教练自有其职能，但一般情况下教练无法取代管理。当然，在公司之外以及个人生活中，人们可能会有不同的看法，因为在其他环境中管理往往是多余的，甚至是令人焦躁不安的。

管理在企业和社会组织中能起到组织和推动作用，目的是实现目标或产生效果。在经济景气的年代，管理的重要性并不显著，因为即便没有管理，企业也能够顺利地运作。然而，这种情况并不具有普遍意义，更不能成为衡量管理质量的唯一标准。管理，尤其是领导，必须时刻准备着经受严峻的经济环境的洗礼，克服最困难、最棘手的挑战。如果一直顺利，组织还需要管理者干什么？

在这一方面，登山运动也同样遵循着类似的规律和原则。而教练也是登山中的一个重要环节。登山者的训练、装备和技能必须能够应付最困难的情况和最艰苦的环境。登山者们也必须时刻未雨绸缪，以应对恶劣的天气条件和持续存在的危险。即使在一条简单的路线上也可能会出现落石现象，伤害也往往难以避免。即使是经验丰富的登山者，也可能会低估雷雨逼近的速度，甚至在距离安全地带仅数百米之处也仍然可能岌岌可危。这一局面所带来的不安和恐惧，往往会加速我们的能量消耗。以上的种种情况都可能将一次原本轻松的旅行变得艰难无比。在这种情况下，登山向导的首要任务就是引导。"领导就是要做到泰山崩于前而色不变"，这一点相当重用。作为向导，他们需要专业地操作绳索、明确地指示、牢记常规的动作、高度集中注意力、有针对性地发出信号、进行有说服力的沟通，以及对其他登山者的处境感同身受……这些对登山向导来说都是最严峻的考验。对于职业登山者——向导来说，攀登并非难事，但是他们所带领的登山者的水平参差不齐，使登山难度增大。大多数登山向导都要经过多年的艰苦学习，才能够很好地处理登山者的情绪和反应。

圣克里斯蒂娜（St. Christina）的登山向导马里奥·塞诺纳（Mario Senoner）就是这方面的大师。他指出，作为一个登山向导，仅有好的登山技巧是不够的，还要注重能力的培养。对于他来说，重要的是让没有经验的登山者也能体会到成就感，并为他们指出新的攀登目标，用照片记录下他们的成功。赫尔曼充分理解了马里奥的思想，并始终如一地将其付诸实践。从管理角度讲，这叫作客户导向。

我的朋友托尼·特鲁默在瑞士的格劳宾登州担任了多年的登山向导培训经理。他与同事们一道，为开创瑞士导游培训事业做出了杰出贡献。托尼对我如何看待管理培训，如何培养管理者，以及我在公司和其他组织中开展的培训项目很感兴趣，而且他还特别将我的管理培训内容融入山区导游的培训之中。目前，瑞士山地向导培训的主要内容已经被包括法国在内的多个国家广泛采用。当然，我也从托尼那里学到了很多山地知识，尤其是对雪崩的认识以及对雪崩危险的评估。他们的山区导游培训的结构、时间和强度都堪称典范，我一直认为，管理者也应该尝试在管理领域内进行类似的培训。

人才培养：勇气和信心

管理者肩负着人才培养的重任。克劳斯·盖勒是我的老同事，他热衷于攀登，曾在约塞米蒂谷攀登过著名的埃尔卡皮坦的"鼻子"（El Capitan's Nose）。他曾经提出过一项建议，希望在管理中回归传统的"师徒关系"。因为在如此关系中，不仅师傅会尽心竭力，徒弟也能得到最好的培养。同样，一位优秀的登山向导会指导热爱运动的业余爱好者提升自我，帮助他们树立信心，有勇气去不断尝试。

在人才发展方面，尤其是如果我们计划在未来从事管理工作的话，**30岁之前就应该积累两条重要的经验：一是获得一次值得纪念的非凡成就；二是则恰恰相反，经验一次刻骨铭心的惨痛失败。**

有些人在年轻时就有过这样的经历，但是他们未能领会这些经历的意义，因此也不会将它们与之后的职业生涯联系起来。那么，身为管理者应该怎么做呢？

我们在前面提到，在通常情况下，管理者应该给员工分配有一定难度的工作任务，并且随着员工的发展，任务难度也会逐步增加。为了让一些员工得到历练，分配给他们的任务难度会陡增。他们可能会觉得不堪重负，感觉任务就像一座无法逾越的高山，然而，这正是他们真正需要艰苦努力的时候。第一种情况：身为管理者我们始终保持镇定，只在员工即将面临失败的关键时刻，才给予适当的帮助以协助他们完成任务。与此同时，我们仍然坚信他们已经具备了独立解决问题的基本能力。这样的难忘的成功经历会给他们留下深刻的印象。若干年后，当这些员工走上管理岗位，不断面对如高山般的新任务时，就会想起，自己曾成功攻克过这样的高山。

在一段师徒关系中，不仅师傅会尽心竭力，徒弟也能得到最好的培养。

第二种情况：面对相似的情形，管理者并不会在关键时刻提供帮助。更为准确地说：管理者没有立即伸出援手，而是在之后才提供帮助。管理者有意让员工"失败"：不阻止他们跌倒，让其深切感受跌倒后的疼痛。但最重要的是，管理者要帮助他们重新站起来。通过这种经历，员工能够明白，即便遭遇失败也能够生存下去。这种经验将使他们在日后的工作中有勇气和能力去战胜失败与挫折。

在第一种情况下，管理者通过提供谨慎且润物细无声般的帮助来防止失败的发生；在第二种情况下，为了让员工能够经历失败，管理者允许了失败的发生，但是会尽可能地把失败所造成的伤害降到最低。

登山运动恰恰契合这种体验。在一次登山旅行中，我的登山向导建议我在第二天就进行一次高难度的攀爬，我紧张得整晚都无法入睡。在后来的攀登过程中，每到最关键的困难时刻，他都会通过绳索拉我一把，使我能够刚好借助自己的力量继续前行。他并没有直接把我拉起来，因为那样就不是属于我自己的成功了。他更多是在"心理上"恰到好处地拉扯了我一把。在这段经历中，通过向导的点拨与帮助，我更加相信自己能够做到，没有什么比这种感受更令人开心和自豪的了。

但是，在后来类似的危机中，他却没有帮助我。我感觉自己的力气越来越小，在紧张慌乱中大喊："拉住我！"然后呢？我真的坠落了吗？——其实什么也没有发生。我并没有真正掉下去，只是滑倒了，但在心理上却有了如坠落般的体验。在客观上，什么事情都没有发生；但在主观上，我得到了经验，且将铭记终生。

有些人善于从错误中学习，而有些人却能从成功中得到更多的收获。实际上，我们需要这两种经验的积累。具体怎样才能帮助某人获得最佳的学习成果，就因人而言了。管理者应该保证员工能够拥有这些历练，以便他们能够批判性地审视自己的行为。在管理中，这种经历对于员工，尤其是对年轻员工的成长和晋升，更是不可或缺的。

> 管理者应该保证员工能够拥有这些历练，以便他们能够批判性地审视自己的行为。

拥抱感官世界

这些年来，登山运动让我经历良多，体验了对极限的挑战，也尝试了更多的可能性，从而使我的感官、情感以及思想得以不断丰富。风景、天气、动物与植物、岩石与冰雪、酷暑与寒冷、感动与期待、失败与成功、人性、友谊与社会、信任与可靠、和谐与意义，各种各样的经历是如此的绚烂多彩，让我无法一一列举，也难以言说。对我来说，登山是一种全方位的体验，在攀登的过程中，我们可以与大自然和谐共融，实现天人合一。

感官剥夺

每当被问及为何喜爱登山时，我的回答常常是：我享受触摸岩石的感觉。当然，现在我们不必去登山也可以接触到岩石。但是对于我来说，这一体验有着非常特殊的意义，是它帮助我重新恢复了感官的功能和敏锐度。

有一段时间，由于工作的原因，我越来越无法用感官去拥抱自然。起初我对此毫无觉察，因为这种能力的退化是缓慢又悄无声息的。我没有什么缺憾之事，也没有哪里不舒服，更没发觉自身的感官体验日渐趋弱。当时我以为，登山不需要进行专业的训练。偶尔我也进行负重训练，但并不系统。我从未超重过，还经常在工作之余体验美妙的登山之旅，即使别人因此对我表示钦佩，也并未促使我为登山而进行训练。

没有假期的时候，我几乎没有时间去登山，因为在当时，我需要利用周末去做一些对我来说更重要的事情，比如管理公司、服务客户以及撰写新书。

那时，虽然我知道吸烟有害，但还是抽了不少烟，甚至在登山途中也会在休息时抽烟，而且一抽就是好几根，具体数量取决于攀登的时间长短。每当被问及吸烟的原因时，我总是略带自嘲地说："一是出于对前一阶段顺利攀登的庆祝，二是出于对下一阶段攀登的恐惧……"

先插一句：我之所以彻底地改变了这一切，部分原因是因为我在旅途中遇到了一个小插曲。

有一天，我和赫尔曼翻过加德纳山（Grödner）上方的草地，准备继续向大环山（Große Cirspitze）攀登。他突然问我："你能感觉到今天的空气有多潮湿吗？""空气？潮湿？我什么都感觉不到。我的确出了一身汗，但我以为是体能消耗所致。我准备再擦一下额头上的汗水，却发现忘了带吸汗巾。"不，不，"赫尔曼说，"（不是你累得出汗）是因为今天的空气非常潮湿。"

我们继续前行，又走了几步之后，一个问题浮现在我的脑海里：为什么我无法区分到底是身体出汗还是空气潮湿呢？也许两者兼而有之，一方面是因为状态不好易出汗，另一方面是因为空气潮湿……

此前我对人类的感知系统和生物控制论进行过多年的研究，对感官分辨力和感官剥夺都有所了解。于是，这次原本微不足道的插曲促使我重新开始思考。

感官剥夺是一个专业术语，指的是人体感觉的系统性退化。当我们的感觉器官不再受到刺激时，不仅感觉器官本身会退化，我们的大脑也会由于不再受到刺激而开始改变其功能。在极端情况下，它还会使人们产生幻觉，并改变人的意识状态。有实验表明，人们在被单独监禁时常常会出现极度饥饿的现象。

于是，我开始系统地观察自己，关注自己的感知力，感受自己的内心，测试它的强度和分辨力。接着，我便开始进行一些训练。通过训练，我开始嗅到了秋天森林的味道，察觉到了温度的细微差异，也懂得了如何辨别空气湿度和自己的汗水。我的感官重新开始充分发挥作用，对自然的感知也为我开启了更高层次的体验。在没有假期的时候，我发现自己越来越渴望接触岩石的感觉，这是一种在登山中，尤其是在攀岩过程中所能够体验到的一种独特的触感。

人类经历了数百万年的进化，感官系统在不断地发展并变得敏锐。然而，对于越来越多的人而言，当今世界正变得越来越抽象，变化速度也越来越快，人与世界的联系愈发依赖于抽象的语言、计算机以及智能手机，而这也使得我们用自己的感官去感知真实世界的机会越来越少。

我们的确也会接触到其他人，比如我们的老板、同事和员工，然而，这些人与我们一样，我们共同生活在一个抽象的环境之中。这是知识社会势不可当的发展所带来的结果，而知识性社会本身也正在向综合性社会转型。随着时间的流逝，感官日益进化，社会却日益难以感知。两种社会都不能直接通过感官来感知，而是要通过其各自的功能来感知。人类的视觉和听觉依旧起主导作用。互联网没有味觉的参与，电脑键盘的按键触感也很微弱，而 iPad 已经做到几乎没有触感。在此，我并不是说这些现象不好，而是想提醒大家这样的问题的确存在。不经意间，我们的感官、情感甚至思想都在悄然发生改变。

尽管现实如此，我们还是可以自己创造感官的平衡。所以户外运动，特别是极限运动，逐渐成为一种潮流。对于我来说，走进自然和频繁的登山活动给了我全新的体验，为我开启了崭新生活的大门，在帮助我保持健康的同时，让我实现了工作与生活的完美结合。

理性还是感性

登山这项运动既是感性的，也是理性的。一方面，登山会给我们带来强烈的感性体验，如喜悦与恐惧、骄傲与羞愧、豪迈与胆怯等；另一方面，理性也同样重要，如果没有训练有素的敏锐头脑，登山将会非常危险，甚至是完全不可能的。在选择路线和技术时，我们不会完全凭感觉；正如有了气象卫星，我们对天气的预测就不会依靠感觉一样。

然而，在一些管理场景中，人们更倾向于"理性"的反面——"感性"，反而会得到普遍的认同，甚至在某些人群中会受到推崇。在管理中，对于"感性"的维护总是以不同的形式为市场所崇尚。高层管理者和企业界的代表也经常提倡要多一些直觉和敏感度，然而，"感性""情绪"和"直觉"这三个词的含义却不尽相同。

如果反其道而行之，我们讨论是否要少一些"感性"，多一点些"理性"，则往往会遭到激烈的反对。即使是试图在两者之间取得平衡，也会遭到质疑。这种讨论带有中世纪思想的痕迹，泛滥着教条主义。

值得注意的是，无论是对复杂事实的认识、理解和评估，还是与此相关的决策，特别是正确的决策，即使是那些反映最强烈的管理观点，至今也没有科学研究能够证明"感性"比"理性"

更具有优越性。

研究结果显示的情况恰恰相反。人的情感确实是社会复杂系统中最重要的功能部分之一，同时也进一步提高了社会系统的复杂性。比如，情感对于营销、政治和宗教都至关重要。我们必须认识到这一点，并且能够妥善地加以利用，但理性的帮助也不可或缺。对于理解整个系统和环境，以及如何采取正确的行动，单靠情感是无济于事的。影响我们做出正确决定的障碍之一就是，我们在主观上总认为自己是正确的，甚至觉得自己站在了真理这一边，因此会被充沛的情绪左右。

不是只有积极的情绪　当我们谈到管理中的情绪及其预期效果时，通常是指积极的情绪，如快乐、愉悦、热情、同情、信任等，这些都是我们渴望拥有的情绪。但我们的情绪仅有这些吗？并不是。那些消极的、带有破坏性的坏情绪，如嫉妒、怨恨、憎恨、委屈，却很少被提及。在我们呼吁"感性回归"时，是否也希望我们的家庭和组织被后面所提及的这些情绪所支配呢？因此我们要提醒大家，盲目地追求感性是不可取的。

在一个组织中，过度的情绪会把人带入危险境地。

一种文明，乃至一种文化的发展，很大程度上都与人们学会控制自我的情绪、本能和欲望有关。过度的情绪对社会有害无益。道德、法律、规则和礼仪的主要用途，就是用来约束破坏性的情绪。人要真正成为社会的一员，就必须学会遵守规则，而不是受自己的冲动支配。人类之所以有人性，并非因为他们拥有情绪，而是因为他们能控制自己的情绪。

我的建议是，如果我们想在组织中充分发挥作用，就应该认真审视我们的情绪，用正当性取代部分情绪。在几十年的工作实践中，我经历的每一次冲突的缘起与升级，几乎都是源于情绪。在个人生活中，人们对情绪看法可能各有不同。但在一个组织之中，情绪，即使是积极的情绪，也常常会让我们陷入危险的境地。

我们的感觉是否可靠？ 凭感觉做出的决定是否正确？对股票所谓的"直觉"判断，其实分析分析自己的账户余额就知道是否正确了。一些简单的测试就足以使我们认识到凭感觉做出判断和决策是不可靠的。

举例来说，在空调房里，很少有人能够凭感觉说出确切的温度值。我们主观上认为的冷或暖，与温度计显示的客观温度值往往有所差异。也很少有人能够正确地估算出湿度和风速。行人对车速的感性估计也是不可靠的，例如在交通事故中，以致他们在法庭上作为目击者的证词基本上毫无价值。同样，对时间估算的情况也是如此。我们通常所说的"时间意识"常常是一种谬论，因为我们对时间的估算在很大程度上取决于周围的环境。例如，登山时在寒风中的等待看起来似乎遥遥无期，但实际上可能只有15分钟；在野外露营的寒冷夜晚也会把我们感受的时间无限地拉长。近年来时常被用到的"体感"一词用来描述主观上的感受就十分恰当，所谓的"体感温度30摄氏度"指的就是主观上所感受到的温度。尽管这是个人的真实感受，但通常和实际温度不符。主观感受需要得到应有的重视，不能与伪理性混为一谈。在决策过程中，区分"体感"和"测量"十分重要。

众所周知，理智有时也会犯错。为什么我们认为情感就不会犯错呢？

因此，一些所谓的权威专家推荐的"凭感觉"的健身训练方式也值得怀疑。如果没有测量仪器，几乎没有人能准确地说出自己的脉搏速度，除非他接受过多年的专业脉搏测量和精确记录训练。即便如此，错误也往往是不可避免的。

理智的缺陷不能用情感弥补　众所周知，人的理智也会犯错。然而，没有任何证据可以表明人的情感就是完美无瑕的。尽管有各种争论及驳斥，但仍然存在着一些毫无根据的观点，如感性是高于理性的。假如我们不能证明这种观点是错误的，那么情感至上的观点就会不断地被重复和强化。

相比于理智，人们毫不掩饰地给予情感更高的评价。提起情感，人们会联想到温暖和人性。相反，提到理智，人们想到的则是冷酷与城府。

反复提出这样一种互相排斥的二元对立，是错误的。原因在于，理性的逻辑对立面并不是感性，而是非理性，而感性的逻辑对立面是无情感、非情绪化或感觉缺失。

尽管人类的理性普遍存在缺陷，并可能对个体有着明显的限制，但是并没有令人信服的证据表明感性可以替代理性来理解复杂的系统、决策以及管理。

实际上，我们的很多决策，甚至大部分决策，都是凭"感觉"做出来的。但不容忽视的是，这些决策往往是错误的。与此同时，我们还要考虑决策者的优劣等因素。虽然管理者倾向于说他们是基于感觉或是拍脑袋做出的决策，但是这种说法缺乏说服力。能够完成某件事，如管理一个组织，以及能够准确地描述甚至研究这件事，是两种截然不同的能力。即使是足球球员中的最佳射手可能也无法解释他们是如何进球的。他们能很轻松地射门，但无法准确地描述这一行为。

直觉不能等同于感觉。在我看来，直觉是多年经验的产物，往往来自在某一个领域和某件事情上的经验积累。如果登山向导在经历了数小时的艰苦攀登之后，又观察了一下我们一直试图攀爬的北坡，之后对我说"今天我们不下去了"，我会接受他的决定。他也常常难以解释自己为什么会做出这样的决定。依我看，他做决定是基于直觉，而非情感。

直觉不能等同于感觉。在我看来，直觉是多年经验的产物。

虽然我们无法准确地理解直觉，但其中一部分是基于多年的经验，再加上持续地观察天气的所有参数和其他影响因素，例如降雪、风向、温度的变化、雪层下的地形等。很多决定可能都是下意识做的。因此，登山向导往往无法解释他所有的决定。若以酬劳相要挟，让他们违背自己的意愿强行下山，将会给登山团队带来极大的风险。即使我们冒险下山，最后却没有发生意外，这也仍然是一个错误的决定。这次经历只能证明我们很幸运，仅此而已。

因为我想知道，它是怎样的

我时常去登山，感受山中的美好。于我而言，耸立的高山以及登山运动都极具美感，这也是我热衷于登山最重要的原因。我能够理解，许多人在登山中鲜有收获，认为登山没有意义，觉得被束缚，或是对此深感恐惧。但是为什么有些人难以留下与登山有关的或好或坏的记忆，这点令人费解。

多年来，促使我登山的最重要的原因，就是对登山的那份好奇。我经常在想，那些登山爱好者所写的文字是否客观，他们对于登山的描述是否夸大其词或文不符实。仅凭想象，我难以描绘出自己置身于海拔5000米的高峰，气温只有零下30摄氏度，周围刮着凛冽的寒风的画面。我渴望拥有真实的登山体验。我最早接触到的登山读物是海因里希·哈勒（Heinrich Harrer）的书，在书中，他讲述了自己第一次登上艾格峰北壁的故事。我被他的描述（以那个时代的语言和风格）所深深吸引。于是紧接着又阅读了大量有关登山的书籍，但仅凭阅读远远无法满足我对登山的好奇与渴望。

仅凭照片和文字描述，我无法想象六级难度的攀登是什么样的。也只有真正进行过高难度攀登的人才能理解20世纪70年代有关提升登山难度等级的讨论。在登山之后我才体会到，如果没有接受过专业训练，根本无法做到全神贯注，六级难度的攀登对于普通人来说是多么的遥不可及。但是我也体会到，虽然这一级别的攀登要求很高，但经过适当训练也是能够达成的。那么，为什么很多职业攀登者也很难突破这个难度呢？

我想要亲自攀登高峰，来解开这些疑问。这也是为什么我不仅提供管理咨询及培训服务，还实际参与管理工作的原因：作为企业家要敢于担当，亲自参与企业治理并发挥领导作用。认识来源于实践——无论是管理企业还是登山,皆是如此。

再华丽的语言也描绘不出精彩的攀登旅途。在登山过程中,我们可能会因为天气条件恶劣,连续数日滞留在大本营,不知何时才能重新出发,其间无所事事,什么也做不了——我希望拥有这样的经历,并认真体会自己当下的内心感受。我想体验并了解如何应对登山中可能遇到的各种状况:寒冷与酷暑、饥饿与口渴、狂风与暴雨、疲劳与恐惧……我想真实地体验与登山有关的一切,无论是自然状况还是自身感受。

这其中也包括实现目标后的满足感,以及开始计划追逐下一个目标的期待。在登山的过程中,我收获了很多关于激励和自我激励的知识,也学习了关于耐力、健康、抗压和恢复力等与管理密切相关的内容。同时,我也意识到人在精疲力竭时还能挖掘出多少潜在的能量,这似乎是矛盾的,但也是至关重要的。我们也许曾经历过这样一次艰难的旅行:在路途中几乎24小时没能好好休息,但仍需高度集中精力,还要节制饮水。我们自然是相当疲惫的,可能需睡一整天才能恢复过来。我们也许会对自己说:"以后我再也不登山了!这都是些什么苦差事?"有意思的是,可能只过了几天,我们对劳累的记忆就烟消云散了,内心的平静和满足感随之增加。虽然脚部和身体多处肌肉仍然在隐隐作痛,但我们脑子里首先想到的还是:"为什么不再尝试一次呢?"

认识来源于实践。

这些登山经历与组织管理并无直接关联,但随着经验的积累，会让我逐渐形成一种态度。对于高层管理者来说，当面临巨大挑战时，这种态度对于他们最终能否取得成功具有决定性的意义。

任由崩溃还是积极尝试？

当我还年少时，对于前人在体育、艺术和科学领域取得的伟大成就一直心驰神往。比如我曾经对米开朗基罗很感兴趣，我十分好奇，一个人如何能凭借一己之力创作出西斯廷教堂天花板上的壁画那样的杰作。他的体力、精力和耐力从何而来？

后来，我得到了世界单人帆船环球航海第一人——汉内斯·林德曼（Hannes Lindemann）写的一本书。从20世纪50年代中期起，他便开始不断尝试，以体验航海者在航行中可能遭遇到的各种突发状况。他在书中描述了自己一人乘坐小船独自航行数月，在此期间承受了生理和心理上的巨大压力，令人印象深刻。我就是这样接触到林德曼使用的自生训练法的。

在书中，林德曼描述了这种方法是如何帮助他忍受孤独、炎热、寒冷和潮湿，尤其是睡眠不足。他曾经长达数周无法好好睡觉，疲惫不堪时也只能稍稍打个盹儿……书中描述的种种感受我至今仍记忆犹新。

之后，我便开始学习并掌握了自生训练法。我曾接触过许多训练，比如专注力训练、呼吸技巧、瑜伽练习、记忆训练、视觉训练、放松训练以及快速阅读技巧，最初这些都使我兴味盎然——毕竟，这些方法有助于提升自己的表现和效能，何乐而不为呢？不过，在尝试了这些技巧训练之后，我发现，其中一些对我有帮助，而另一些却毫无用处，或者只是空谈，抑或根本不适合我，所以没过多久就放弃了。比如，我发现自己在上完速读课后完全无法阅读了，既不能记忆也不能理解所读的内容，于是就停止了练习。但唯有自生训练法我至今仍在使用。

自生训练中不仅包含释放和放松，也包括它们的对立面——全神贯注和高度紧张，这对于学生时代的我来说十分重要。尤其在应对考试时，这种训练有助于我们记忆知识点，并且保持一两个小时注意力的高度集中，而这往往就是成功和失败的分水岭。直到现在，自生训练法仍然对我有很大的影响，不管是登山、长途飞行，还是在到达目的地后需要立即恢复体力，或是在艰难的谈判中，抑或仅仅是为了抑制疲劳的感觉出现，自生训练法都可以有效地帮助我缓解压力。每当我感到自己急需休息时，就会用20分钟的时间进行放松，使身体继续保持两个小时以上的活力。在紧急关头，这种方法能够迅速起作用。当然，我们不能仅仅依靠这种方式保持活力，否则，长期如此，我们的身体会被透支，在必要时身体也会"自动报警"，发出求救信号。

我很早就意识到，若我在登山时还一直想着工作，就不会有好的攀登表现。在登山过程中，我常常无法完全休息或放松。赫尔曼深谙这一点，因为我们总是一起爬山，多年的友谊使他能够轻易看出我的感受。他是一个选择路线的高手，总能选择最佳的登山路线，帮助我摆脱工作的束缚，从而快速进入登山状态。在攀登时我们彼此心照不宣，他仅凭绳索的摆动就能够判断我攀爬的动作。于是我很快就融入了登山的世界，这里别有洞天，而且有着完全不一样的规则。

减压与健康　登山可以很好地锻炼身体，这是我至今保持健康并且很少感到压力的秘诀之一。在完成体能训练后的晚上，我也会感到疲惫，但这种运动性疲劳并不会让我感到有压力。当然，我也并非每天都拥有好心情，也会有失落的时候，这些情绪我都可以坦然接受。反之，如果我被这些情绪所累，那才是真正的压力。

如果不是因为登山，我不确定自己是否还能坚持有规律地进行体育锻炼——如果没有恰当的训练理由，我不会主动训练。

在这一点上，我可以毫不避讳地承认：从严格意义上讲，我几乎没有坚持训练的动力，更没有健身"成瘾"的可能。在平日的训练中，我也从未体验过所谓的"心流"。倘若不是在长距离滑雪的旅途中有过切身的体验，我都不会相信"心流"是真实存在的。

我参加登山训练正是源于自身的需求。我想感受的是登山的乐趣，因此会为了实现自己的登山目标而保持身体的健康。气喘吁吁地用尽自己最后的力气，勉强而艰难地爬到山顶，这样的画面与我对登山的设想格格不入。因此，我把训练融入日常生活中，就像洗脸、刷牙一样。所以，训练只需要一个简单直接的理由，不一定非要发自内心深处。

我从事系统的训练源自一次登山路途中的谈话。当时，我有很长一段时间没有进行体育锻炼，甚至连高难度的旅行也没有。有一次，我和赫尔曼沿着费迪南·格鲁克（Ferdinand-Glück）[注]

[注]　意大利著名滑雪运动员。——译者注

路线，历经一排排看似无穷无尽的巨大山体缝隙，一路攀登来到格罗曼峰（Grohmannspitze）。我们像往常一样静静地坐在宽阔而又平坦的山顶上。过了一会儿，他看着我说："如果你想要保持或是提升自己的攀登水平，就必须为此有所付出。"之后便是沉默。

"你的意思是？"

"你需要一些训练……"

沉默。

"为什么？"

"我发现你在折角处攀登时有些吃力。"

"我完全不这样觉得。"

沉默。

"你说的训练具体指什么？"

"每周三到四次，每次锻炼一个小时。"

沉默被打破："你疯了吗？我的日程安排已经排得满满的，真有点喘不过气来了！这我做不到！"

接着又是一阵沉默。

我低头看了看塞拉山道（Sellajoch），目光越过萨斯波多伊山（Sass Pordoi）的西壁，又望向马莫拉达山（Marmolada），再沿着齐瓦兹峰（Piz Ciavazes）黄色的岩壁和塞拉塔向远处望去。在一片寂静中，我喃喃自语道："我刚才说什么？这样的训练我真的做不到吗？"最终，我还是做到了。

通过训练，我的抗压能力的确有了显著的提升——当然，我不是说人们能够或者理应承受各种形式的压力。体能的提升与登山的经历赋予了我力量和活力。若我在完成了令人疲惫不堪的，也就是所谓的"压力山大"的一周工作后，去滑雪旅行给自己"充电"，就能够将上一周抛诸脑后，更好地迎接新的一周的挑战。

在高强度压力下取得成就并非我们所愿，这一点是不言而喻的。我们目前有两种选择：一是降低对自我的要求，这样压力也会随之降低；二是换个思路，我希望自己有更好的表现，但这能够在没有压力的情况下做到吗？这种可能性是存在的，并且可以通过学习来实现。做任何事情都一样，我们会触碰到自身的极限。但是真正的极限究竟在哪里？这需要我们勇敢地去探索。

这种思维方式对于管理者而言至关重要，因为可供选择的工作内容十分有限，所以他们必须学会如何应对过重的工作负荷。我的亲身经历是，作为一名脑力劳动者，我每隔三到五年都能将自己的业绩翻一番，且不会陷入压力之中。值得注意的是，能否成功往往取决于我们是否能再多坚持一个小时……

只因我渴望探寻更多的可能性

随着年龄的增长，我们在工作和运动中都会面临这样几个问题：我何时才能达到或超越自己的巅峰？哪座山可能会是我一生中的最高峰，哪条线路最崎岖难行？问题的答案不仅取决于年龄，还取决于职业、家庭、健康以及锻炼的频率，以及我们痴迷攀登的持续时间。除了登山之外，打高尔夫球这项运动对管理者也有着极大的吸引力。通过适当的锻炼，我们可以比想象中更长久地保持健康和高效。长期的工作经验和成熟的工作流程能在一定程度上帮助我们完成常规性工作，而亲身体验又为我们的创造性工作注入了无穷的可能。

我希望自己有更好的表现，但这能够在没有压力的情况下做到吗？

来自意大利小镇莱科的里卡多·卡辛（Riccardo Cassin）是顺利登上巴迪莱峰（Piz Badile）的第一人，在登顶50周年纪念日之际，他以78岁的高龄再次成功登顶。他是登山界的伟大先驱者，曾率先挑战过多条世界顶级难度的路线，如三峰山西峰（Westliche Zinne）的北壁、勃朗峰地区大乔拉斯峰（Grandes Jorasses）北壁的沃克岩柱，以及麦金利山（Mount McKinley）南壁以他的名字命名的卡辛路线。

巴迪莱峰的高度是凯萨山麓（Wilden Kaiser）总高的3倍，达3308米，耸立在的琴加洛（Cengalo）冰川盆地之上，陡峭、湿滑、阴暗、孤傲、寒冷——或许正是如此，它才更加引人注目。绵延的山峰坐落在意大利和瑞士的交界处。1937年，巴迪莱峰东北面高达800米的花岗岩壁被两位优秀的登山者首次征服，引起了巨大轰动。然而，在历时四天到达顶峰之后，两位首登者却在下山时因过度劳累而不幸去世。起初，他们还在与卡辛的三人登山组争相登顶。在一次恶劣天气的突然造访之后，两支登山队便结成了联盟。卡辛是一个胆大心细的登山者，虽然当时还是8月，但他已经备好了针对冬季环境的装备，甚至还带上了冰爪，这使得他的绳索队取得了不错的进展。但是另一个队伍的两名登山者却只准备了夏季装备，他们很快便暴露在复杂多变的冰天雪地之中。由于冰层封冻，花岗岩壁已经变得光滑无比，但他们没有任何回头路，只能继续前行。

1952年，赫尔曼·布尔独自一人首次攀登了卡辛路线。之后，汉斯·卡默兰德（Hans Kammerlander）总结了布尔的这次既有名又狼狈的登山之旅：从因斯布鲁克（Innsbruck）乘火车到达兰德克县（Landeck）—骑自行车穿过恩加丁谷地（Engadin）—在咆哮的热浪中翻越马洛亚山口（Malojapass）—然后登上赛科拉小屋（Sciorahütte）—早上睡过头—在800米高的巴迪莱峰东北壁下方开始急速前进—遇到巨大的垂直山体—赫尔曼·布尔，单人攀登者—到达山顶，正午时分山谷中的钟声响起—3小时后，布尔到达绝壁脚下—两小时走了20公里，在马洛亚山口攀爬的垂直距离为1100米—当时，距离兰德克县"只有"140公里。忽然间一声巨响，布尔连车带人在空中划过一道弧线落下—等他昏昏沉沉地醒来时，发现自己正身处于高水位的因河（Inn）之中。头上被撞出一块肿块，身体冷得发抖，自行车也完全被损毁了。他此时在想些什么呢？很享受在巴迪莱峰的攀登之旅吗？……[1]

1997年，我和赫尔曼登上了这座与A0点成5度角的岩壁，但远不如布尔之旅那般惊心动魄。凌晨1点，我们披星戴月地从萨斯科·弗拉（Sasc Furä）登山者小屋[2]出发，然而当我们到达山

---

[1] 引自汉斯·卡默兰德为赫尔曼·布尔《海拔八千米上下》（Achttausend drüber und drunter）所作的序言。

[2] 在山中建造的可供借宿、休息、避难的小屋。——译者注

隘处第一次看到岩壁全貌时,天气突然开始恶化。我们不敢继续攀登,于是改变了计划,选择了同样著名但比较容易攀登的山峰东北脊。这座高峰像一个巨大的船头耸立在我们正前方大约300米的地方。我们在路上前行了约一个半小时,等到天气终于放晴时,我们已经到达了一定的高度。我们该怎么做呢?是继续攀登,在巴迪莱峰完成一次普通的山脊攀登之行,还是选择下山,向东北壁攀登,虽然可能会耗费更多的时间,但最终将通过东北壁登上我们向往已久的巴迪莱峰?

最终,我们还是决定向东北壁攀登。天色已经渐渐暗了下来,但我们的身体状态非常好。我们这支两人团队前行的速度很快。在通往入口的横断面上有很多积雪,下方便是陡峭的冰川,我们必须加倍小心。忽然间,路口开始下起了大雪。我惊恐万分。虽然最后什么都没有发生,但我们却因此浪费了许多时间。攀登800米东北壁的过程十分漫长,从中段开始,壁面开始变得无比湿滑,岩壁上的裂缝虽小,但中间不断有流水涌出,不一会儿我们的绳索就湿透了,越来越多晶莹剔透的花岗岩尘土混在其中,不断地像砂纸一样打磨我们已经被泡软的双手。原本起保护作用的绳索这时对我们成了折磨。

由于天色已晚,我们便没有休息继续前行,下山到达了上午去过的东北脊备选路线上方的休息点,那里还有很多其他的登山队。我的脚感到从未有过的疼痛,在壁面上攀登产生的摩擦力给脚部造成了巨大的压力,每走一步都是折磨。尽管如此,我们还是决定不在小木屋里逗留下去了,而是继续向下往山谷前行。在林间小路上,我因为脚伤又倒着向前走了一段。至今,每当我回忆起这段痛苦的经历时仍会忍俊不禁——这次登山就如布尔那次环法自行车赛般的"壮举"一样狼狈。

无论是在岩壁、冰雪和极限滑雪中，还是在登山及管理工作中——随着年龄的不断增长，我们还能如何大展身手呢？我既不是如卡辛那般的登山先驱，也不是专业运动员，同时我的本职工作对我的要求也极高，会占用我大量的时间，而且我喜欢顺其自然、静观其变，因此并不想对这个问题寻根究底。我只是十分好奇，如果个人不断发展到最后，结果会是如何。

如今人们正处于前所未有的高度老龄化社会。而通过合理的锻炼，人们能够更加轻松地保持身心健康和高效的状态。在某一个时刻，人们可能会在不知情的情况下就征服了自己的最高峰。如果攀登取得成功，那么在登山结束后，人们就会开始朝着下一个目标前行。唯有回首反思才可能认识到自己曾经立于巅峰。所以对我来说，登山永远是一种憧憬与期待。

人们到了某一阶段，似乎开始完全接受自己在身体和精神上的逐渐老去。但实际上我们可以做出不同的选择。当我们对任何事物都不再充满好奇的时候，就一定会老去。当我深入了解生物控制论后，我对人生有了新的定义：**人生即学习**。一个人也许身体上仍然健康，但停止学习的那一刻，人生也就戛然而止了。年轻与否取决于我们能否全面管理自己的事务，即自我管理决策。我们需要为自己负责。

自信心、自尊心和自豪感

相信自己，相信他人

管理者要想正确有效地进行管理，必须得到员工、同事以及上级的信任与尊重。

比起赢得别人的信任，更重要的是尊重自己并相信自己的价值。这是我们获得他人信任和尊重的前提条件。

在管理学中，自信和自尊这两个概念很少出现，甚至很多时候完全不被提及。即使是我自己，也一直没有对此给予足够的关注。几乎所有的话题都是关于作为上司如何赢得员工的信任和尊重。或许有些人认为，处于管理岗位上的人都是十分自信的，都能做到自信和自尊。

然而这个观点并不正确。从我和无数高级经理人合作的经验来看，事实往往与我们的想象不同。许多管理者，无论是在私人生活中，还是作为老板，通常都会有种不安全感。他们或许还没有做好充分的准备，因而对自己的职位感到无所适从。这导致的结果是，他们羞于参与员工的讨论，不愿意进行反馈，不知道如何做决策，因此也不愿意做决策。此外，受过高等教育的专业人员，尤其是科学家、工程师和医生，他们往往更愿意从事自己专业领域的工作，而非管理工作。他们热爱自己的专业，对管理毫不感冒。

在专业方面员工也许相信管理者的能力，但是在管理事务上如果意识到老板缺乏自信，就很难完全信任自己的老板。

自信和自尊很重要。

这个道理同样适用于登山，尤其适用于登山向导。作为登山者，我怎么能把自己的生命托付给一个连自己都不信任的人呢？对自己来说也是如此，如果我原本就不相信自己能够独自完成旅程，那就干脆不要出发。

有一个道理显而易见：自信和自尊都建立在迄今为止所取得的成就之上，包括专业上和管理上的成就。其中，伟大的成就自然会脱颖而出，并受到关注。但有时也不一定非要做大事，有些看似微不足道的事情，或许根本不为外界所关注，但对我们自己来说，却具有重大意义。

举例来说，有一名生物化学家身处管理岗位。他组织的会议总是混乱且无序，与会者明确地向他表示了不满。他因此苦恼不已，对类似的会议产生了恐惧，宁愿辞去管理者的工作，独自躲进实验室。

一次偶然的机会，我给了他一些关于拟定会议议程和主持会议的建议。会议结束后，他像孩子一样给我打电话表示感谢，称这次会议获得了极佳的效果。这件小事对他来说意义重大，从那以后，他成了我管理课堂上最勤奋的学生之一，因为他意识到了管理效能的重要性，渐渐对自己有了信心，并不断取得进步。

无论是在工作中还是在登山中，自信都是对抗恐惧的最佳良药。而这份自信需要用成绩来证明。虽然我在登山方面已经有了一定的经验和技巧，但当我身处岩石或冰层的边缘、在毫无遮挡的环境中、在狭长的横切面上或是悬突的俯角上时，我仍然会感到恐惧——相信很多人也会有同样的感觉。我们的自信往往建立在对类似情况的经历、把控以及经验的累积之上。

自尊心和自豪感

1986年，在赫尔曼的带领下，我首次完成了朗科费尔山的皮希尔（Pichl）路线，这次经历使我感到十分自豪，也帮我找到了身心平衡，这种感受是以前少有的。临近7月末，这一天，天气晴朗，万里无云，我们在日出前爬上了第一座草地山脊。山脊高约1000米，登顶用了足足5个小时。在此期间，我们身着T恤，带着轻便的装备，全神贯注地在原始的岩石环境中攀行。尽管我曾有过数次极限运动的经验，之前也登顶过多洛米特山脉的多座山峰，但这次朗科费尔山的登山之旅给我留下了一段极为美好的回忆。

这条路线横穿整座山体的东北壁，于1918年首次开辟。无论从哪方面看，这都是一条经典和热门的攀爬路线。这里岩石坚固，景观多样，集绝壁、栈道、裂缝等景观于一体，为攀登者提供了多样化的攀登形式。攀登难度等级为四级，仍属于所谓的"快乐攀登"的范畴。攀登并不艰险，但需要人们有对环境的适应性与耐受力。

登顶并不意味着攀登之旅的结束，能在登顶之后顺利返回山下才真正算得上成功，这个道理登山爱好者都明白。完成朗科费尔山的往返攀登并非易事。返程时，登山者还需要穿越由高塔、峡谷、裂缝和狭长地带组成的千米冒险迷宫。终于，我们回到了朗科费尔山峡口，那里有通往塞拉山道的缆车。7小时的登山旅程结束后，虽然我的身体疲惫不堪，但内心无比满足。未曾有过亲身经历的人往往无法理解：满足感不一定会带来成就，但成就会带来满足感。

我们攀登的是难度等级仅为四级的朗科费尔山，而且天公作美。此外，我们不仅有专业的登山向导当领队，还准备了智能的登山运动服以及其他登山装备……登山的舒适性简直就像在豪华酒店度假一样。

10年后，我们故地重游。这次是在冬天，具体日期是1998年3月2日至3日。我们再次携手登山，角色分工也一如既往：一人是专业登山员，担任向导角色；另一人虽然多次完成高难度的攀登任务，但仍然是业余登山者和跟攀者。

清晨6点，天还没亮，气温是零下10摄氏度，我们踩着嘎吱嘎吱的积雪，背着沉重的登山包，带着登山的露宿装备启程了。攀登的时间比我们预想中的要长得多，由于岩脊上覆盖着一层厚厚的积雪，我们需要把手握点周围的积雪清理干净才能抓稳。沉重的登山包压在我的背上，前进的速度非常缓慢。但只要我们还在继续行进，身体就会感到温暖。一旦停下来休息，刺骨的寒风就会悄然袭来，所以我们必须一直保持运动状态，不断活动手指和脚趾……这是我第一次在冬季进行突破性攀登，尽管手指已经冻僵了，兴奋之情依然溢于言表。后来，我们也攀登了许多冰瀑，其中包括位于朗科费尔和瓦尔拉西蒂山谷（Val Lasties）的著名冰瀑。我回想起之前读过的登山故事：海因里希·哈勒记录下艾格尔、梅斯纳和卡梅尔兰纳的登山经历；卡辛在巴迪莱峰遭遇天气突变；沃尔特·博纳蒂和科西莫·扎佩利冒着零下 30 摄氏度的严寒攀登六天，终于在大乔拉斯峰（Walkerpfeiler）实现首次冬季登顶的创举。这些是多么伟大的成就——无论是肉体还是在精神上！

除了书中所读到的故事外，我还想到了朗科费尔山东北路线的首批冬季登山者路德维希·莫罗德（Ludwig Moroder）和伦佐·贝尔纳迪（Renzo Bernardi）。如果没有亲身经历过登山，我们将永远无法理解登山先驱们所取得的成就是多么伟大，这就是我尽可能亲自体验户外登山旅行的原因。这一次，我们在第一天攀登了 12 个小时，之后到达宿营地休息，第二天又继续攀登了 10 个小时，才最终到达了山顶。这是我第一次在冬季成功登顶，当时我们以为自己是当年冬天第五个成功登顶朗科费尔山的团队，几天后才发现我们仅排名第七。这个结果当然也是不错的，值得我们为之高兴。

无论是在登山、管理还是日常生活中，我们都需要个人满足感。正确而恰当的管理不仅能够帮助到员工，为组织助力，还能给管理者带来满足感。登山运动也是如此：登山向导带领其他登山者进行攀登，帮助其他登山者完成一次次艰难的登山之旅，向导自身也会变得更加自尊、自信和自豪。

恐惧心理和紧要关头

自信源于实力，是对抗恐惧的最佳良药。尽管我们掌握了一定的登山知识和技巧，也有值得信赖的登山向导为伴，但当自己真正身处岩石或冰层的边缘，攀登于悬崖峭壁，脚下是万丈深渊，暴露于冰天雪地之中，或是面临变幻莫测的天气时，还是会感到惧怕。尽管我们有时不愿意承认，但大多数人，甚至是专业登山者，都会或多或少地产生恐惧心理。

在这类情况下，我们必须要有自信，而自信主要源于我们在类似情况下的成功经验。我也说不清楚，为什么某一次攀登会比之前一次难度更高的攀登更让我心生恐惧。很多时候我的感受都取决于自己登山前热身阶段的状态，因此作为业余登山者，每次登山前我都需要先做热身准备以获得足够的安全感。

在开始一些高难度的攀登之前，我常常抱着侥幸心理，期待天公不作美，以便有理由放弃。例如，在攀登帕拉山脉萨斯马奥尔山的索勒德（Solleder）路线前，我就一直盼望着变天。夜里也确实下了雷阵雨，但是第二天一早却天气晴朗、万里无云。在去登山的路上，我不由得感到浑身难受。

有趣的是，在攀登令我畏惧的路线时，我的表现都相当出色。恐惧是我们与生俱来的本能，也是一种有益的情绪。恐惧提醒我们身体已经达到极限，可以帮助我们做好应对危险的准备。恐惧感会放大事情的危险性，使我们更用心地去应对它。在动荡年代，若不提高警觉，而是淡化危险，那么我们将面临双重危险。

2001年夏天，赫尔曼提出了挑战著名的索达（Soldà）路线的计划。此路线海拔1000米起，纵贯几乎垂直的朗科费尔山北壁，难度等级为五至六级。而这条路线的后半段，随着海拔的上升，攀登难度也在持续攀升。

朗科费尔山北壁，索达（Soldà）路线，2001年

朗科费尔山,露宿营帐,2001

那个夏天，我们挑战了许多高难度的登山路线，在整个登山过程中，我的身体一直保持着良好的状态。在假期结束后的三周内，我便恢复了健康与活力，随即启程前往瓦尔加尔德纳。第一天，我们在朗科费尔山的南壁进行了一次攀登难度等级为四级的"放松之旅"，也是我第一次重走这条路线。然而我的攀登表现简直是惨不忍睹，这种情况在以前几乎从未有过。这条路线的难度仅为四级，但我却毫无缘由地感到恐惧、紧张、迟钝和不安。我沮丧不已，便告诉赫尔曼，在这种情况下自己可能无法完成之后的攀登任务。这座千米高的绝壁，像一座巨大的教堂，耸立在我的眼前，令人望而生畏。但赫尔曼却告诉我不能有这样的想法，他建议我在当天返回山谷之前，在朗科费尔山隘口处缆车车站上方的垂直山壁上进行攀登热身练习。虽然很不情愿，但我最终还是采纳了他的建议。在练习中，我发现自己的状态逐渐有了好转，在攀登后半程时，我基本没有停下来休息，而且攀登的速度、节奏和稳定性都有了明显的提升。那天的攀登十分简单，我隐隐有一种不好的预感，猜想第二天的攀登可能会困难得多。次日一早，我们爬上了北壁，感觉就像翻越坚硬的冰层一般艰难。到了后半程，我们加快了攀登速度，并完美地完成了最后一段的攀登。这给了我极大的信心。赫尔曼继续前进，直到他到达绳索的尽头后向我喊道："快跟上！"于是我开始把身上的安全锁从保护点上取下，直到最后一个卡扣……突然，一块比成年男子的拳头还大的石块毫无征兆地从我的脸旁划过，重重地落在了我的左肩上。我感受到巨大的冲击力，仿佛听到了骨头碎裂的声音。在那一瞬间，我感觉自己完了……我颤抖着站在那里，看了看左肩膀，忍不住用右手摸了摸自己的左肩……我并没有完蛋。我吓得一时没能回过神来，但心里很清楚：如果提早3秒，石头就会击中我的脑袋，就算我戴着攀岩头盔也无济于事。我感到一阵后怕，咬牙坚持着，深吸了一口气，但身体仍然在颤抖，膝部也软弱无力。这是我此前近20年来从未经历过的事情。我不确定自己是否还能再继续攀爬，但深知自己并没有受伤，背包带减少了石头的冲击力，那撞击的声音是来自背包带的表面，而不是来自我的肩部。

赫尔曼不停地对我喊道："快跟上来！"我想对他喊"有落石……"，但根本无法发声……我双腿颤抖着开始往上爬，感觉浑身难受，恶心想吐。当我终于来到赫尔曼身边时，才感觉好多了。我把刚刚发生的事情告诉了他，但他似乎丝毫没有注意到我身上发生的一切。他让我喝了点水，问我感觉如何，痛不痛，能不能继续——我们才爬了总路程的一半，困难才刚刚开始。

我不知道之后会发生什么……但实际上，往后走每一步时我都感觉自己的状态在逐渐好转，我爬了一段又一段的绳索，其中经过完全暴露在外的陡峭的石板、裂缝和悬突的岩石，我们一路爬向北面的塔峰，再从那里前往山顶。天色渐暗，我们已经攀登了16个小时，但仍没有到达终点。我感到又冷又累，一路上，赫尔曼的视线一直没有离开过我，以确保我抓稳了登山绳。天已经完全黑了，我们在黑暗中继续攀爬了一段距离，才最终到达营帐。我累得和衣躺下，直接盖着破旧的毛毯。直到这时，我才缓过劲儿来，意识到发生了什么。不仅是那块落石，山上的任何一块石头都可能带来不可预知的危险。

第二天一早,又是一个崭新的开始,一切不好的情绪都烟消云散了。我们走出了宿营地——我从来没有见过如此壮丽的山顶风光,蔚蓝的天空下云海茫茫,太阳越升越高,也变得越来越暖和。我心中不禁感叹:这真是一次奇妙的旅行。下山途中我思绪万千,多亏赫尔曼的沉着冷静,给我带来安全感,我才能很好地处理这次危机。如果我是他,是否能够承担这样的重任?

远大的目标

这一次攀登的经历以及其他很多次平淡无奇的攀登经历,让我总结出了一条管理原则,那就是:**如果我们想要取得伟大的成就,就必须为自己设定远大的目标**。若设定的目标过小,就会没有压力,无法让我们走出自己的舒适圈,也无法知道自己究竟有多大的能量。如果只是一味地安于现状,选择安逸,仅完成容易实现的目标,我们就会停滞不前,甚至倒退。

想要帮助自己或他人成长,确立远大的目标和具体任务是必不可少的,为了完成这些任务,我们必须充分发挥自己的能力,从而不断成长。管理者要秉持两项原则:合理地给下属分配艰巨的工作任务,切断一切逃跑路径。所谓的逃跑路径包括两方面:一是耽于无谓的细枝末节,二是寻找无法完成任务的借口。其实这就是在自我逃避,尽管人们不愿意承认这一点。这只会让人渐渐颓废,走向堕落。

确立远大的目标，并切断所有的后路。

因此，优秀的登山向导也是根据"比上一次攀登难度更大、历时更长、登山庇护所更少"的原则来选择登山路线的，同时他们也会把登山搭档的目光引向"遥远的地平线"上的真正的远大目标。

在这方面，赫尔曼特别有天赋，也很有眼光。他意识到了我的潜能和发展需要，并帮助我尽可能地缩短登山的适应期。

因此，我必须完成一个又一个"首登"任务，而我也乐在其中。赫尔曼和我几乎没有重复攀登过同一路线——进山路线除外。在我刚刚接触攀登时，我们在许多关键路段遇到了各式各样的困难，那时我常常羡慕赫尔曼，因为他对那些路段已经烂熟于心了，知道它们是"能够被征服的"。但于我而言，这些路线是陌生的。我曾经很好奇自己是不是拥有最多首登经历的外行。这些经历对于我来说是一种非常高效的学习模式，因为我从中学会了如何控制自己的恐惧。

莱因霍尔德·梅斯纳尔曾经说过："恐惧是我的生命的保障，因为如果我感到恐惧，那至少证明我还活着。"在极端情况下，即当出现焦虑、疲惫、意外、失败、迷失方向甚至高估自己能力时，人们往往会加深对自我的了解。这是对自己处理复杂问题的能力的考验。超越极限不是无视恐惧，而是正确应对和战胜恐惧。如果我们在攀登时被心中的恐惧所俘获，结果很可能是致命的。

在登山中，我们常常能够切身地感受到危险。即使是最低难度的攀登，即使有万无一失的安全保障，我们也常常会在主观上感到恐惧。

正因登山这一特点，攀登难度等级系统一直深深地吸引着我，早在20世纪二三十年代，德国登山先锋威利·韦尔岑巴赫（Willo Welzenbach）就将经过协商并一致公认的相对客观的攀登难度等级评定引入登山运动中。在他看来，一座山峰的攀登难度应该是客观的，并且适用于所有的攀登者，不论他们的攀登能力和情绪状态如何。倘若攀登的难易程度取决于人的主观感受，那么这个评定系统就是充满变数的。例如，人们会主观地感觉到在两山中的巨大裂缝中攀爬是受到保护的，但根据客观的等级评定标准，此攀登点的难度与暴露感强的地形一样，都是四级。可见人们对这两种相同难度等级的攀登点的主观体验大相径庭。

在管理中，绩效评估也发挥着重要作用。管理者的一项持续性任务就是对员工及其绩效进行评估。这时最大的挑战在于评估的客观性，这也是几代专家迄今为止一直关注的问题。韦尔岑巴赫量表的制定就是一个例子，它表明最初似乎难以解决的问题实际上是能够找到好的解决办法的。

登山有时会让人过于亢奋，甚至忘乎所以。对很多人（也包括我）来说，最大的快乐莫过于成功地完成梦想中的登山之旅。但是与此同时，登山也会让人学会谦虚，能够客观地看待自己和取得的成就。此外，在登山中我们也能够学习在艰难的环境下应当如何应对。在管理中也是如此，成功与失败往往只有一步之遥。

危机事件："黑皮书" 经验丰富的观察者和出色的登山向导能够很快意识到登山过程中恐惧情绪的产生，并采取相应的对策。我对管理学中的"关键事件法"[一]有着很好的体验。它对人类行为模式的评价具有高度的可信度。在登山中，"关键事件"就是人们在行为异常时所发出的一些看似微不足道的信号。虽然识别这些信号并不需要特殊的能力，但是它们在日常生活和工作中却常常被忽视。若能够有意识地去注意这些信号，我们必定会有意想不到的发现。

对经验丰富的登山向导来说，双手轻微颤抖、频繁清嗓子、眼神游离不定，这些都是恐惧情绪早期的征兆。他们需要时刻注意出现这些状况的登山者，引导他们靠近绳索，以最大限度地降低风险。此外，还需要注意要委婉地给予攀登者温馨提示，以保证他们的自尊不受伤害。当然，危机事件也会发生在行动果断利索、说话声音洪亮、心情看似愉悦的人身上。这些现象本身也许没什么，但背后却可能暗藏危机……我曾与来自克拉根福的创新管理心理学家琳达·佩尔兹曼（Linda Pelzmann）探讨过这个问题。后来，她对这一课题进行了系统研究。她极为专业地描述了这些看似毫无意义的信号背后所隐藏的关键事件，这些信号可以揭示人们的行为，以及预测将来可能的行为。如何消除自己的恐惧？怎样克制自己的鲁莽？尤其是在危急的时刻，做完决定又后

[一] 关键事件法（Critical Incident Method，CIM）是针对工作中某一重要的任务和职责要素，对能反映不同绩效水平的、可观察到的行为表现进行描述，并作为等级评价的标准进行评定的方法，也可用于绩效评价。关键事件是使工作成功或失败的行为特征或事件（如盈利与亏损、高效与低产等）。——译者注

悔了该怎么办？要是失败了又会怎样？在登山中观察这些现象比在管理中要容易一些。因为在登山过程中，结果马上就会呈现出来……

因此，我们主张依照观察到的个别事件和行为，进行人事决策。以往那些过于科学化的手段，反而将人事决策变得更加复杂。

看似微不足道的信号恰恰暗示着人们行为的异常。

记录观察结果的"黑皮书"，常常以不同的形式出现在领导或管理者的笔记中，能够在生活中为我们提供帮助。管理者在自己的岗位上会与形形色色的人打交道，他们可以记录下自己的观察。例如："NN很清楚哪些事情是不可为的……"，或者"XY再一次自我吹嘘，大出风头……"，抑或是"AB的工作态度十分积极主动"。当管理者需要做出人事决策时，就可以查阅自己的记录。事实证明，以这些记录为基础的人事决策在大多数情况下都是正确的。

失败与成功

在登山过程中，成功与失败如影随形。我印象最深刻的一次失败经历，就是没能完成在雷蒂孔山脉（Rätikon）的沙伊因弗卢赫山（Scheienfluh）西壁的攀登。至今我仍无法解释当时为什么要放弃登顶——因为就在那三周前，我们还十分轻松地征服了奇维塔山西北壁上难度级别为六级的著名的索勒德路线：连续13个小时的攀爬，中间几乎没有休息，是我最美妙的攀登体验之一。虽然旅途很累，但我终于实现了一直以来的梦想。

8月23日，我们计划在充分休息之后，从瑞士小镇达沃斯出发，开始挑战沙伊因弗卢赫山的尼德曼-蒂那（Niedermann-Diener）路线。这条路线的难度同样是六级，而且这里的V形裂隙中人工制造的攀登点一直深深地吸引着我，此前我从未亲自攀登过……但是在这次攀登中，我的状态非常糟糕，尽管赫尔曼一路上帮了我很多，可还是无济于事。我感到害怕、不安，反应迟钝，浑身无力，最终还是放弃了攀登。下山时，我们静静地走在山下那条美丽的小道上，一路向圣安托尼恩谷（St. Antönien-Tal）的方向走去。对我而言，这次的放弃不仅意味着与一条登山路线失之交臂，也意味着我个人的失败，我感到十分沮丧。幸运的是，赫尔曼没有催促我继续下去。

在此我领悟到，我们必须明白一点：如果一个人不能尽早地体验人生中的成功与失败，不能认识到实现与错失目标都是人生的一部分，不能理解即使失败了也可以东山再起，那么他一生将在自己的岗位上苦苦挣扎。

在山上，我有时会受到感官错觉和幻觉的困扰，比如在阿空加瓜和麦金利山中时，我有过极为不愉快的经历，在高海拔地区我出现了呼吸暂停的现象。每次从睡梦中惊醒，我都会感觉自己快要窒息了，于是赶紧深吸一口气，担心入睡之后又会有同样的事情发生；在宿营的时候，我常常会担心安全锚会松动；当我在攀登托雷的里雅斯特山的缇西（Tissi）路线时，脑海中会频频出现塔峰坍塌的画面；当我被坚硬牢固的多洛米石灰岩包围时，会开始胡思乱想……在这种情况下，即使攀登才刚刚开始，我也常常感到无法再继续攀岩。

有时，人们需要在脑海里预想一个截然不同的场景。这是自然赋予人类的能够超越一切的视觉想象力，同时也意味着大脑能模拟事件。这种模拟并非虚无缥缈的幻想，而是以一种非常客观的方式对现实进行前瞻性的预测，在预测中观察人们的行为。

一切伟大的成就，都始于一个前瞻性的想法。 然而，并非所有预期的想法都能成为现实。在这一点上，我的观点与20世纪90年代以及21世纪初风靡一时的关于愿景探讨的管理学书中的看法不尽相同。在这些书中几乎从未区分现实的和缥缈的愿景。有一次，我在一个电视访谈节目的会议上与当时最具影响力的作家探讨未来发展趋势，并告诉她，我在她的书中看不出如何区分好的和坏的、有用的和无用的愿景，并问她该如何区分，她当时十分愤怒，并始终没有回答我的问题……

即使失败，也要能"活下来"。

随着时间的推移，这类书籍就和其他许多曾红极一时的事物一样逐渐消失在大众视野里。即使是很多没有企业管理知识的人，也曾为该类热门书籍呐喊。当然，在舆论自由、出版自由的社会中，想写什么、愿意为谁呐喊都是被允许的。

但是我注意到：人们顺应这一趋势，大张旗鼓地制订培训计划，试图将各级管理者都培养成更睿智、更有远见的人。然而，这种培训无法帮助他们区分愿景是否有意义。

这带来的后果是，那些爱说空话和虚张声势者的言论会被媒体无限制地放大，而人们最终也注定会失望。

管理者是否具备区分优劣愿景的火眼金睛，这才是管理中至关重要的。回顾历史，我们比以往任何时候都更需要具有远见卓识的管理者，但更为重要的是，管理者能够将愿景真正转化为现实，推动组织的进步。

登山的意义，管理的意义

我们必须承认，管理工作充满了艰辛。管理者如何能够保持精力充沛，持续不断地完成各项繁重的任务，同时把充沛的活力传递给员工？

这涉及管理和登山的核心问题。人们为什么要这么做？在这两个领域中，传统的激励理论始终无法使我信服。我觉得，想要理解人们的行为动机，似乎还缺点什么。

在"经理人收入"迅速成为媒体热词之后，人们不免冷静下来反思：管理工作的意义和目标是否在于带来收入，或者仅在于收入？真是这样吗？

这些年来，在我所遇到的管理者中，只有极少数人认为收入是最重要的因素，尤其是在公司高层，这是动机理论无法解释的。

一个有意义的答案

当我还没有被传统的动机理论所束缚时，在母亲的影响下，我接触到了维克多·弗兰克尔。一天晚上，她递给我一盒录音带让我听，觉得我会喜欢。之后，她没再给我更多提示。但正是这盒录音带改变了我的生活……

录音带里是维克多·弗兰克尔的演讲录音，在这之前我对其一无所知。录音带音质很差，但刚听了几分钟，我就被其中的内容深深吸引。我聚精会神地听着，发现他讲了动机理论的一些重要的新观点。早在大学时期，我就对激励理论很感兴趣。我非常熟悉亚伯拉罕·马斯洛（Abraham Maslow）、道格拉斯·麦格雷戈、弗雷德里克·赫茨伯格（Frederick Herzberg）、大卫·麦克利兰（David Mc-Clelland）等人提出的动机理论。此外，我还读过威廉·詹姆斯（William James）、西格蒙德·弗洛伊德（Sigmund Freud）和夏洛特·布勒（Charlotte Buühler）的著作。在大学期间，我曾师从于该领域的一些杰出教授，然而，维克多·弗兰克尔这个名字从未被提及。难道是我自己疏忽了吗？我又翻阅了课本和笔记，还是一无所获。

生命的意义　维克多·弗兰克尔给了我一个关于人类动机的全新视角，并在高度和广度上做出很大的提升和扩展。

简而言之，弗兰克尔告诉我们，人生的意义就是不断地寻找意义。哪怕是在别无他法或者穷困潦倒的时候，人一旦找到了自己人生的意义，就有能力取得极高的成就。弗兰克尔引用弗里德里希·尼采的话："如果一个人知道自己为什么而活，就可以忍受任何一种生活。"

弗兰克尔还认为，生命的意义无法创造或赋予，而是需要寻找的。这需要我们每个人亲自追寻，每个生命都有其存在的价值和意义。

在实证研究的基础上,弗兰克尔指出,我们可以通过三种不同的路径来发现生命的意义。这些路径并不像许多动机理论那样指向人本身及其内心世界,而是向外延伸,探寻每个人的发展潜力。

寻找意义的第一个途径是投身于工作或创造作品(创造意义的价值);第二个途径是为某人奉献或爱某人(体验意义的价值);而第三个途径是,即使深陷苦难也要有尊严地把握命运(态度意义的价值)。

在从母亲的公寓回家的路上,我仍在车上听她送给我的那盒录音带。我很好奇,维克多·弗兰克尔究竟是何许人也?在仔细查阅资料后,我对他的学说更加深信不疑了。维克多·弗兰克尔,奥地利神经学家和精神病学家,同时也是一名热情的登山家。1924年他开始登山和攀岩,并成为"自然之友"(犹太人的阿尔卑斯俱乐部)的成员,直到1934年"自然之友"被解散。随后,他加入了多瑙兰阿尔卑斯俱乐部,该俱乐部原为阿尔卑斯俱乐部的一个分部,因拒绝将"雅利安条款"加入章程,而被从阿尔卑斯俱乐部孤立出来。1938年,多瑙兰俱乐部也被解散。在这段时间内,弗兰克尔接受了登山向导的培训,在进奥斯威辛集中营前一直戴着培训所获得的徽章并深以为傲。但是在集中营里,他最终被迫将徽章取下。

1942年,弗兰克尔与父母、妻子一起被送往特莱西恩施塔特(Theresienstadt)的纳粹集中营。他的家人被残忍杀害。1944年,弗兰克尔被押送至奥斯威辛集中营,随后被送往达豪集中营的分营,直到1945年终于被美军解救。在《对生命说"是"》(*…trotzdem ja zum Leben sagen Ein Psychologe erlebt das*

Konzentrationslager) ㊀一书中，他描述了自己这段惨痛的经历。

数十年来，弗兰克尔的思想一直伴随我见证动机理论的发展演变历程。我把他的学说作为自己管理专业课程的固定主题，也将其视为企业文化的价值基石之一。这几十年来，我所有的管理课程的学生，无不为弗兰克尔的意义理论深深撼动，从此他们的人生开启了一个新的维度，开始以全新的视角审视自己和自己的生活。值得注意的是，弗兰克尔这个名字前些年一直鲜为人知。我初识弗兰克尔的学说时，对他有所耳闻的管理者不足 5%，而对他的理论有足够的了解，能够将其理论融入自己的生活和工作中的管理者和企业家不足 5 人。如今，越来越多的管理者开始研究弗兰克尔的理论，并能够将这种与众不同的动机理论融入公司管理之中。

最终徒劳无获？　　对于许多人来说，登山最终是无用和徒劳的。莱昂内尔·泰瑞（Lionel Terray）是法国最杰出的登山家之一，他曾出版过一本著名的登山书籍——《无用的征服者》（*Les Conquérants de l'inutile*）。在众多登山界的极限挑战中，我们都能见到泰瑞的名字，比如曾两次登顶艾格峰北壁，以及首次登顶巴塔哥尼亚地区的马卡鲁峰（Makalu）、菲茨罗伊峰（Fitzroy）等著名山峰。

但无用并不意味着无意义。对我而言，登山的意义在于收获各种极限体验，在于探索和超越极限，因此登山对我来说意味着体验生命。

㊀ 1946 年在德国初版时书名为《一个心理学家在集中营的经历》，后改名为《对生命说"是"》。——译者注

人不能赋予生命以意义，只能寻找生命的意义

我们不能赋予生命以意义——弗兰克尔的这一观点越来越为人们所接受。但作为管理者，我们可以做两件事：确保员工的生命意义不被剥夺，同时为他们创造机会去寻找意义。管理者也应当让尽可能多的员工在工作中、在组织中发现自己的价值。人人都需要找到自己生命的意义，但各级领导必须为每个员工创造条件。

因此，弗兰克尔指出的第一条途径与实际管理息息相关，同时也是不可或缺且弥足珍贵的：投身于一件作品，完成一项任务，致力于一种理念，以此找到人生的意义。

玥科费尔山，德梅茨（Demetz）路线，2009 年

朗科费尔峰

朗科费尔山脉

朗科费尔山的清晨

越来越多的人预感到,未来快速的变化将司空见惯。这时,我们采取何种策略应对复杂的环境将显得尤为重要:我们不知道将来会如何,但仍然要采取行动。成功的关键不仅仅在于简单地制订计划,更在于未雨绸缪,防患于未然。

WENN GRENZEN KEINE SIND

第 3 章

创新式管理

新事物是如何出现的

创新是管理的最高成就之一。真正的创新突破了传统的固有框架,并重新定义了极限。同时,一大批彻底的、革命性的新事物应运而生,其中包括新的模式、新的思维方式,甚至新的世界观或哲学观。创新让以前尚不存在甚至无法想象的事物更贴近现实,也让一些人们根本无法接受甚至群起而攻之的事情成为可能。

除了在军事装备上,创新在其他领域都曾经不受欢迎。大多数的创新成果在为人们广泛接受之前,都会经历漫长的产生和发展阶段,比如汽车。其中许多尝试也往往是无功而返。奥地利经济学家约瑟夫·熊彼特(Joseph Schumpeter)恰如其分地将基础性创新的整个过程命名为创造性毁灭。创新创造了积极的新事物,但同时也否定了旧事物存在的意义,并加速了其消亡。

人们总是相信新的模式会从天而降,但事实并非如此。它们出现得似乎很突然,但其实已经悄无声息地发展了数年或数十年。经济中如此,登山亦如此。

最为人所熟知的登山运动的革新,也许就是梅斯纳尔和哈贝勒首次采用阿尔卑斯式攀登(简称阿式攀登)成功登顶珠穆朗玛峰。这种攀登方式是用阿尔卑斯山上的高海拔攀登方式取代此前一直存在的烦琐的登山方式，即采用两人一组，不依靠氧气、绳索等外界帮助的方式。虽然这样一来，登山者更容易受到气候变化的影响，但同时他们能够极大地缩短暴露于危险之中的时间。在登山时，更快的速度通常意味着更低的风险，因为登山者在危险区域停留的时间缩短了。而这一创新只是重大范式转变的一部分。

创新创造了积极的新事物，但同时也否定了旧事物存在的意义。

传统登山模式发生变化

通过登山，我学到了许多关于创新的知识，尤其是革命性的创新，这有助于我更好地理解经济中的创新，并将创新正确而恰当地运用于管理。只要我们善于观察，就会发现登山与企业管理有异曲同工之妙。在登山运动中，创新是重要的推动力。

20世纪70年代初，莱因霍尔德·梅斯纳尔创作了《七级攀登》（*Siebter Grad*）一书。当时大家都在为是否将六级的攀登难度分级进一步向上扩充而争得焦头烂额。德国登山家威利·韦尔岑巴赫曾在20世纪20年代提出登山难度分级制度，包括一至六级，共六个等级，其中六级是难度最高的。莱因霍尔德·梅斯纳尔在书中所提到的"人类所能够达到的难以超越的极限"，正是第六级。因此许多人认为，不应该存在比六级难度更大的攀登。一种反对观点表示，攀登者可以借助器械爬上陡壁，挑战那些原先认为"不可能"的区域,但与此同时,攀登者需要借助梯子、高度复杂的绳索操作和数百个螺栓进行攀爬,以及在岩壁上露宿数日。尽管这类登山方式被涵盖在经典的登山等级体系中,却违背了攀登的伦理标准——公平,并日益受到排斥。现代攀登通常意味着不需要借助人工辅助进行攀登,只有出于维护安全目的才会偶尔使用人工器械。

封闭的难度分级不仅限制了攀登,也给自由的思想和想象力戴上了无形的枷锁。毕竟,坐在井里的青蛙怎么能想象出井口方圆之外的样子?

1977年,人类实现了难度等级为七级的登山突破。赫尔穆特·基恩(Helmut Kiene)和莱因哈德·卡尔(Reinhard Karl)曾在凯萨山麓的庞普雷森(Pumprissen)裂缝路线上突破了传统的六级界限。36年后,人类第一次攀登了十二级难度的路线——2013年2月,20岁的捷克登山家阿丹翁达(Adam Ondra)在西班牙加泰罗尼亚奥利亚纳(Oliana)的拉杜拉(La Dura)路线上首次实现了这一目标。登山系数为十二级……现在我们还认为七级是人类不可逾越的极限吗?人类的极限到底在哪里呢?也许在高处不胜寒的那个地方吧。

新的维度 登山最高难度由六级(穿传统灰色厚呢衫,配红袜、笨重的厚鞋以及沉重的绳索)调高到七级(穿红、黄、紫色的登山裤配轻便鞋履),登山难度从六级到七级的这一跨越,使传统的登山模式发生了重大变化,也带来了许多其他的结果。这是一次多维度的释放,训练方式变了,攀爬的动作也变了,枷锁被打破,先前的登山极限也被轻松突破。

在加利福尼亚州的优胜美地谷（Yosemite-Valley）也发生了一场极限攀登的革命。越来越多的女性登山家展现出了惊人的攀登能力，并实现了卓越的登山成就，凯瑟琳·德斯蒂维尔（Catherine Destiville）和林恩·希尔（Lynn Hill）就是其中的杰出代表。1992年，德斯蒂维尔仅仅用了17个小时就成功实现了冬季单人登顶艾格峰北壁。

攀登变得更具竞技性，攀登动作也更轻松、优雅，最重要的是，速度非常惊人。登顶的耗时大大缩短，早期登山的所有困难也都被扫平。人类无法逾越的极限到底在哪里？从此，一个全新的山地运动世界的大门被打开：单板滑雪和自由式滑雪、滑翔伞和跳伞、山地自行车、滑雪巡回赛和极限山地跑，或是乌里·斯特克（Ueli Steck）所进行的速度攀登，抑或是极限单人攀登，比如亚历山大·胡贝尔（Alexander Huber）在三峰山大峰北壁的哈布朗迪（Hasse-Brandler-Direttissima）路线上取得了开创性的成就——没有使用任何辅助工具，没有借助安全带和绳索等保护装置，且不依赖第二人。除此之外，还出现了攀冰和极限滑雪，这些山地运动都让我非常着迷。

我和赫尔曼喜欢夏天去攀岩，但渐渐地，我们也常常在冬天去登山，与冰封的瀑布和极度陡峭的沟壑为伴。2001年3月，我们在坡度为52度的萨索隆戈南沟首次进行了滑雪攀登，而在此之前，这条600米高的巨型冰沟居然没有得到像托尼·瓦勒鲁兹（Toni Valeruz）这样顶尖的极限登山滑雪运动员的注意，简直让人难以置信。

不断打破禁忌　近20年来，山地运动的技能日益成熟，达到了此前难以想象的高度。新纪录如雨后春笋般纷纷涌现。高海拔运动的极限也在不断被突破。一方面，莱因霍尔德·梅斯纳尔和彼得·哈贝勒颠覆了人们对高海拔极限登山的极限的认识；另一方面，女子极限登山运动员开始登上世界舞台，例如波兰著名女登山家万达·鲁特凯维茨（Wanda Rutkiewicz）成为首名登顶K2的女性，她原本也可能成为首位登顶世界所有海拔8000米以上高峰的女性登山家，然而1992年，她在攀登干城章嘉峰（Kangchendzönga）时不幸失踪，此前她已征服了14座海拔8000米以上高峰中的8座。

如今，奥地利的格琳德·卡尔特布伦纳（Gerlinde Kaltenbrunner）被认为是史上最伟大、最优秀的女登山运动员之一，她从不携带氧气设备，也从不雇用夏尔巴人[⊖]来协作登顶，在大多数情况下甚至连固定绳索都不用。随着时间的推移，越来越多像卡尔特布伦纳一样的女性登山者出现在大众的视野中，她们取得了惊人的成就，令全世界登山爱好者刮目相看，这也是登山运动范式转变的成果之一。

回顾以往，我们可以用一句话来概括：登山运动经历了旷日持久的发展，最终滴水石穿，实现了从量变到质变的突破。人们过去总喜欢带着情感或思维定式为传统的登山方式辩护，而不能对登山的发展做出公正的判断。

⊖ 夏尔巴人（Sherpa）意为"来自东方的人"，散居在喜马拉雅山两侧，主要在尼泊尔，少数散居于中国、印度和不丹。夏尔巴人常在没有任何装备的情况下，爬到高处架设安全绳，在登山协作中，他们起后勤运送、指路、辅助攀爬和一定程度上保障队员安全的作用。——译者注

蜡烛般的冰柱，2002

塞拉山脉(Sellagruppe),库里亚山谷(Val Culea)冰瀑,2011

征服难度级别为七级山峰的年轻登山者并没有让传统登山者感到如释重负。双方互相揶揄，而年轻的登山者总能发挥先锋示范作用，成功征服人们以前无法想象的攀登路线。年轻的自由攀登者具有强烈的挑衅性——例如化名"普莱姆·达尔沙诺"（Prem Darshano）的吕吉·里泽（Luggi Rieser），他总是身穿燕尾服，头顶大礼帽，眼神之中带着俏皮，当然不可否认的是，他有着高超的攀登技术，曾经完成了300多次极限首登。在很长一段时间的沉寂后，他再次闯入人们的视野，同时也引起了企业管理者的注意。

20世纪80年代中期，我还在为一家公司提供战略咨询，这家公司负责生产登山运动产品。我的工作包括对市场现状及其未来发展做预测。要做到这一点并非易事，但当时恰好登山运动部门经理正投身于新式的攀登运动中。

登山运动部门经理是一位优秀的登山爱好者，经常攀登中高难度的路线。在一次会议中，我问他最近一次攀登多洛米蒂山脉的塞拉山道是什么时候。他说因为忙于工作，已经很久没去登山了。于是我建议他，与其在办公室为市场营销推广方案绞尽脑汁，不如花上一周的时间去攀登多洛米蒂山脉，欣赏塞拉山道的风光。大自然充满缤纷与灵气，令人萌生创新思想。最终的结果表明，让他去体验自然是十分有益的。

管理模式发生转变

研究与实践领域的创新，使我对组织管理科学的复杂性有了全新的认识，这种独特的创新起点与我个人的登山体验构成了一种共生关系,进一步加深了我对"外部世界"不断变化的理解。

我能够更加敏锐地洞察到创新发展的新趋势,能够更好地理解约瑟夫·熊彼特提出的"创造性毁灭",同时也能够迅速打破固有经验对自身的约束。

我也感受到了众多登山者的力量,他们突破了极限的限制,在创造性登山中重新定义了自己,实现了无限可能。其中就有莱因霍尔德·梅斯纳尔构想并实施的攀登计划,他的这次攀登实现了意想不到的成功突破,也深深震撼了我的心灵。

制定策略和创新是我的专项课题,也正因如此,我才能完成独具特色的管理体系和工具的研发。时至今日,我才真正意识到这次变革的程度之深,且在很早之前就已初现端倪。人类的极限已经被突破,而人们对此却毫无察觉。实际上,由于人们往往在心理上还是无法突破这些极限,所以这些极限才会作为我们的惯例、偏见并习惯长期存在。

从旧世界迈向新世界

从旧世界迈向新世界的整个发展过程是一个独特的、完整的创新过程,涵盖了从登山到经济和社会的各个领域。登山运动在20年内经历了彻底的变革,早期的登山印迹几乎难寻踪影。正如登山领域的"创造性毁灭"一样,整个经济社会也在悄然发生着变化,即"21世纪的伟大转变"。使用正确有效的工具,将会带来"创造性毁灭",除了在博物馆,陈旧事物已不见踪影。

极限已经被打破,但人们却还没有意识到。

回顾过去,历史学家就将创造性毁灭视为史上最伟大、最全面、最深刻的变革。借助系统控制工具,人们就可以注意到变革前的征兆,而在登山过程中,我对变革的洞察力又得到了进一步的提升。

"外部世界"正在发生巨变,旧世界正在迈向新世界。我们今天所说的危机,就是指新世界在诞生过程中的分娩阵痛。只有意识到这一点,人们才能正确地理解新世界的意义,并行动起来。

从旧世界到新世界的更替,堪比250多年前从传统农业社会到现代工业社会的转变,但这次变革却更为广泛和复杂。问题的关键是:如果我感到自己对未来一无所知,那么我现在应该做些什么?

对于大多数人来说,创造性破坏的巨大变革,如同七级攀登路线对传统的登山队员一样,既令人生畏又看似疯狂。但是只要我们相信自己能够超越极限,就会从破坏性的阴霾中看到创新的曙光。有些想法会抑制人的发展,让人变得渺小,但有些想法则会给人以启发,促使他们做出丰功伟业。

乐观主义与悲观主义均不合时宜

面对创造性的破坏,我们应该避免过于乐观或者过于悲观,要做到遵循现实主义原则。理智而清醒地面对现实,才是登山的关键。在行动之前先对全局进行实际的考量,在行动时我们才能够保持乐观,有的放矢。

有经验的登山者在攀登高难度山峰时,特别是第一次攀爬某条路线之前,他们会表现得既不乐观也不悲观,更谈不上兴奋和热情。在启程的前一晚,他们依然是泰然自若,而在第二天清晨,他们则会默默地、不动声色地把所有的登山装备再次仔细检查一遍,你只会听到清脆的铁索碰撞的声音……而还有些人会在这时因反悔而找出一堆放弃的理由,或许还能挽回些面子。我曾不止一次地在登山前夜入睡时希望夜里突然下起雨来……

登山者之所以能够保持沉着冷静,是因为他们知道自己做好了充分的准备:他们已经掌握了各种攀岩技巧,并且有足够的登山设备来应付各种可能发生的状况。同时,他们也相信自己的登山伙伴是经验丰富的。他们知道,仅靠设想和希望太过冒险。

在通常情况下,登山者只有当自己精疲力竭地返回山脚时才能真正感受到登山带来的激情。比如登山传奇人物和我的启蒙教练之一的汉斯·卡默兰德(Hans Kammerlander),他曾写过一本书,书名十分有寓意,叫《下山才算成功》(*Abstieg zum Erfolg*)。

从经济活动的创新管理中,我们也能够获得启发——关于什么才是有效的、正确的、良好的企业创新管理,以及应该如何把创新管理付诸实践。这与市面上大多数畅销书中的内容大相径庭。人们不禁要问,有多少畅销书作者曾冒着风险进行过创新?

无论是在登山中还是在管理中,能够系统地中止某项创新也可以算是成功的革新。我曾做过一个小研究,试图找出那些成功的研发经理与庸碌的研发经理之间的区别。调查发现,两者之间的差别不在于是否能够开启或成功完成某一项目,也不在于是否能够有效激励团队,而在于是否懂得及时停止某个项目,某个很受重视但只会向错误的方向发展的项目。

所谓"21世纪的伟大转变",指的不仅是一次突破性的首登,也不仅是以"公平手段"的新理念打造全新的登山风格,更多的是对未知世界的探索。

创新

今天与明天,已有与未有,已知与未知,始终如影相随。创新的重要性不言而喻,几乎所有组织的未来都取决于此。但不能忽视的是,大多数创新都以失败告终,创新尝试十有八九会失败——而且代价惨重。主要原因是多数公司的自主创新之路充满着理想主义的色彩,并且缺乏创新的专业精神,大多数管理者没有这种专业性。实际上,每一次创新都是一次"对未知领域的探险""对高峰首登的挑战",但现实却是,创新往往被视为像"春日漫步"一样轻松简单。

在人们的认知中也存在着这样一些误区。第一误区是,认为创新应该来自研究实验室或开发部门。但那里出现的不是创新,而是一些新的点子,或者是范例或实验结果。**真正的创新必须不折不扣地由市场来界定。**

"21世纪的伟大转变"是对未知世界的探索。

只有在市场上获得成功,我们才能视之为创新。这样的视角有助于我们选择正确的策略,以及合理地评估时间和金钱付出。我们关注的重点不应是"我们开发、发明或发现了那些新事物",而应是"为了将这一开发、发明或发现成功推向市场,我们需要做出哪些努力"。

第二个误区是，过度重视创意。这导致的后果就是，企业对管理者的创造能力要求很高，经常开展创意培训，或是采用各种创意方案。人们错误地认为问题的源头在于缺乏创意。实际上，我们并不缺少有创意的想法，而是能实现的有创意的想法少之又少。即使是最"缺乏创意"的公司，其创意的点子也比真正实施的要多得多。埃德蒙·希拉里（Edmund Hillary）在登山界的创新之举，并不在于他有挑战珠穆朗玛峰的这一想法，而在于他和丹增·诺尔盖（Tenzing Norgay）一起真正实现了首登珠峰。

产生创意和实施创新是两个截然不同的概念。创意只有得以实现才能被称为创新，不过这不意味着创意不重要，只是相比较而言，创意的重要程度更低、更经济，也更简单。创新类似于耐力训练，如同长跑，成功与否取决于后半程，尤其是距离终点还剩五分之一路程的那一段。

第三个误区是，创新仅与高科技相关。对技术的沉迷和偏执会导致一种集体错觉。毫无疑问，未来我们会使用更多的高科技产品，有一些企业必须涉足高科技领域，但是并非所有的公司都应如此。由于对高科技的执念，人们往往会忽视非技术领域中存在着的更多创新机会，而这很可能就是低投入、低风险、高回报的商机。

> 埃德蒙·希拉里之所以能有创新之举，并不在于他有攀登珠穆朗玛峰的想法，而在于他第一个实现了这个想法。

第四个误区是，认为创新需要人们满足这些特质：积极主动、勇于创新、敢于创业，或是乐于冒险。这样的人的确存在，但只是少数。仔细观察这些所谓的登山先驱，你会发现他们几乎都是通过自传或媒体报道获得"人设标签"。其实大部分登山先驱都是普通人，在他们的成就还没有为大众所知之前，甚至往往被周围的人视为疯子和怪人。他们没有"创新者"的光芒，但大多都拥有一样东西：系统的工作方法。在他们的自传中，我们几乎读不到与之相关的内容，但这却是我们真正应该向他们学习的。

例如莱因霍尔德·梅斯纳尔，他就是登山家中的一个例外。除了登山，他在其他领域也有所建树，如组织探险、撰写著作以及设计阿尔卑斯山博物馆。但他真正的创新并不在那些极具突破性的领域，而是在对所从事行业有重大影响的领域。梅斯纳尔将他的一项重要创新，即在攀登时钉岩锥的方法描述如下：

"我是第一批采用不同于他人的攀登方法的人。在攀登时，我并不会在关键的危险地段钉入岩锥，而是在向上攀登的过程中，如果发现有一个可以用来固定的理想缝隙，便会将岩锥钉入其中。出于安全考虑，我的动作会非常迅速。然后我会继续向上爬。假如之后出现了一个危险的攀爬点，我就不必在那里再去寻找可能根本不存在的裂缝。在极其暴露的地段固定岩锥，意味着会耗费许多体力。我之所以可以快速攀登，就是因为自己总是被固定住的，我是安全的。我没有像其他人一样攀登。与他们恰恰相反的是……我把岩锥固定在我不需要的地方，但可以确保把它们牢固地固定在缝隙内。过程中我没有浪费任何时间和精力。后来……这个策略启发了我。借助这个策略，我们实现了首次登顶，这次的成功登顶是难以复制的，因为在登山的关键地段没有岩锥。第二个登顶的攀登者所花费的时间是我们的 3 倍。但这也

不意味着我们有多么优秀，只是攀登方式不同而已。"㊀

遵守规则和原则　管理中的基本原则与规则在正确的管理中起着至关重要的作用，但它们却往往被轻视甚至忽视。规则只有在明确、规范地制定出来之后才会被依循。然而，原则和规则的应用也并非易事。理解规则与遵守规则是两码事。因此我们需要有清晰的认识、坚定的意志，守纪律、讲规矩。

这种情况好比在登山中预防或最大限度地减少遭遇山区雪崩的风险。规则本身很简单，应用起来却并不那么顺利。除了少数个例，实际上每起雪崩事故都是由于没能做到遵守规则所导致的。

设定大目标　在所有的创新中，我们都必须制定清晰可见的目标。这并不意味着我们必须次次都达到目标。如果我们制定了一个容易实现的工作目标，那么几乎没有人会去仔细思考应该如何改进自己的工作方法以实现新的目标。人们会继续按照他们以前的方式工作，而这不仅会导致他们停滞不前，还会阻碍新事物发展，导致创新失败，陷入恶性循环。

为了实现宏伟的目标，有时人们还会冒着失去信任的风险，因为员工们往往会认为老板变成了完全失去了理智的"疯子"。只有当人们真正想获得胜利的时候，才会调动一切可支配的资源和力量来实现目标。体育界如此，企业创新亦是如此。无论是在运动训练还是在创新管理中，只有当人们追求最高的目标时，才会以更加严谨和认真的态度来处理事务，并思考合适的创新方法。

㊀ 引自莱因霍尔德·梅斯纳尔《极限人生》(*Mein Leben am Limit*)，原文第 31 页。

> 规则本身很简单，应用起来却并不那么顺利。

为新事物拓展空间　创新必须从系统地摒弃旧事物开始，否则新事物将没有立足之地。我们需要做的是"系统的垃圾清理"。最快、最彻底以及相对来说最简单的创新方法就是：停止做错误的事情！否则，如果创新不能立即取得明显的成效，那么那些曾经怀疑和反对创新的人就有充分的理由将此策略打上错误的标签，这对整个组织也会造成不利的影响。

将新旧分离　这一条是对上一条规则的补充。如果我们不能做到除旧布新，至少要尽可能地将新旧世界分离。新事物几乎与所有其他事物都有所不同，因此必须区别对待。如果我们否定了这一原则，就会感到无望与困惑，从而一事无成。

抓住机会而不仅是解决问题　毋庸置疑，解决问题是管理者的一项重要工作内容。我在一本关于复杂系统管理策略的书中也提到了解决问题的重要作用。但如果我们只看到问题，就有可能忽略机会和可能性，而这正是创新潜力之所在。有时我们解决了一切问题，却仍然没有抓住机遇。一个优秀而高效的管理者，即便身处最悲惨的境遇，仍会不断地寻找可能性与机会，因此他们往往能够成为潜在的创新者。

> 系统的垃圾清理就是：停止做错误的事情！

如何在未知中找到方向

把握复杂性和不确定性是有规律可循的，但很少有人知道这一点。当我们很难找寻自己的定位，或是看不清形势，抑或是遇到从未遇见的状况，但仍然必须采取行动时，我们就需要特殊的方法和规则，即经验法则，在术语中被称为"探索法"。探索法是指一套通过探索并不断调整以实现未知目标的方法。

探索法——在复杂事物中辨别方向

有一些探寻或者定位的方法和规则，经过几个世纪的实践证明，可以帮助我们进行定位、决策和行动。这些方法和规则在日常生活中也会起到一定的作用，尤其是在管理和登山中。当我们缺乏必要的方向指示时，它们往往是唯一的解决方法。在非常复杂的情况下，人们也可以采用"探索法"来控制局面，从而对事物有更深层次的了解。

由于人们经常处于相同的情况下，许多方法和规则被反复使用已不新颖，而还有许多规则却被历史的黄沙湮没，不易寻见。能够幸存下来的人必然找到了这些让他们在困境中生存的方法和手段，其他人则折戟沉沙。

比如，人们往往不能够准确地预知冬天将会持续多久，会有多难熬。因此，人们不得不采取高明和巧妙的粮食存储及食物保存方法来减少这种不确定性所带来的危害。

现如今，科技创新能帮助我们解决许多问题。比如移动网络信号已经可以完全覆盖山区，这极大地降低了登山的风险，因为人们可以随时随地呼叫山区救援服务。

在登山中，有一些看似简单却又必不可少的原则，这些原则虽然听起来平淡无奇，实际却至关重要。例如最有效的探索方法之一就是"试错"原则，即尝试—犯错—纠正，这是一种进化策略。对于生物科学而言，这是理解生物进化过程的关键。

这一原则也适用于登山运动，因为许多目标只有通过不断试错才能达成。当我们迷失方向时，可以借助于另一个探索方法，即沿着原路返回到最后一个你确切知道的位置。在高海拔地区，我们的足迹可能会随风消散，因此我们可以插上小旗子作为方位标志，以便在紧急情况下找到回去的路。若有人在团队登山活动中走失，则应该待在原地。因为如果大家都开始寻找对方，那么找到彼此的可能性则微乎其微。

局势评估的完整性

对于局势评估，我们必须综合考虑所有的条件和影响因素，才能获得尽可能全面的认识。对于登山来说，这包括目前的天气、路线、补给、饮料、装备、应急通信手段等信息。以管理学为例，对局势的评估不仅要形成自己的观点，还需要预测对手对形势的看法。同时，我们也要时刻注意不能落入所谓"群体思维"的陷阱，即评估过程中的趋同心理。

开放系统原则告诉我们，在实现目标的过程中难免会发生一些不可预测的事情，因此人们必须时刻开启"嗅探"和"防范"的雷达，以及时捕捉各种变化的苗头。在登山中，我们需要关注天气和冰山的雪崩情况；而在管理中，我们必须时刻关注客户和竞争对手的动态。

灵活性原则告诉我们，一定要把握承诺的分寸，给自己留有余地，直到最后一刻再收网。我们必须时刻保持灵活、敏锐的思维能力和应变能力，来应对各种突发事件。

小步快跑原则告诉我们，先确认上一步获得的成效，再继续走下一步。尽管要实现远大的目标需要我们制订具体的计划，但涉及何时做何事，我们必须要保持开放的心态。在达成目标的过程中，我们可能会根据前一步的效果对下一步做出较大的调整。

考虑退路原则告诉我们，退路不是经常被提及的"不归路"。由于没有考虑退路，在多次被翻拍成电影的1936年艾格北壁的首登尝试中，来自德国和奥地利的四名登山者全部不幸遇难。当时，来自巴特赖兴哈尔（Bad Reichenhall）的安德烈亚斯·辛特斯托瑟（Andreas Hinterstoißer）在后来以他名字命名的辛特斯托瑟横切路线（Hinterstoißer-Quergang）上为了继续向上攀登，抽回了安全绳索，这样一来就切断了攀登的后路，也为之后的悲剧埋下了伏笔。在管理中，人们往往缺乏对这一原则的系统性关注。

先确认上一步获得的成效，再继续走下一步。

最普遍和最重要的探索方法之一就是控制论法则。它是由著名的奥籍美国物理学家和通信工程师海因茨·冯·福斯特提出的，他也是现代控制论（复杂系统的调节科学）的创始人之一。这一原则的核心思想是：**行动要使路越走越宽**。

这对管理、生活和登山有哪些实际意义？如果必须要做出决策，请选择一个有较大回旋空间的选项！一旦做出决策，就意味着将其他的选项拒之门外——这一结果是必然的，否则你做出的这一"决策"将仅仅流于表面，而非实质上的决策。但是，我们面临的决策并非都有同样多的选项——这时就要有效利用行动余地以及灵活性了。

行动要使路越走越宽。

三种必要的策略

探索法策略是一种重要的策略技巧。在管理学中，策略是最易被错误理解和过于宽泛使用的专业术语之一。什么样的行动才适用"策略"一词呢？假如我们知道做出具有深远意义的决策需要哪些知识作为后盾，那么策略就无用武之地，一个普通的计划就足以满足需要，换言之，策略是从已有的信息和数据中推导出结论。

当我们无法预料未来，却仍不得不采取行动时，策略就意味着正确的行动——即使无所作为也是行动的一种。策略也指从最开始就一直朝着长久成功的方向采取行动。策略并非未来做的决策，而是对未来有影响的当下做的决策——其中也包括"不决策"。

时代大变革究竟将如何发展，目前我们只能暂时有一个大致的轮廓，但我们还可以从一些容易被忽视的信号中寻找线索。虽然我们尚不清楚具体的细节，但如果我们注意到大致的模式，我们就可以像通过关注云朵的形状变化来辨别方向一样，随时掌握自己的位置，实时准确调转方向，即使路况不断发生变化，也能找到最佳路径，及时规避风险，并在必要时迅速做出反应。这一点十分重要。

为了应对时代大变革所带来的巨大挑战，我们需要三种不同的应对策略——仅有其中一种是远远不够的。因为我们面前这个已知的旧世界仍具有现实意义，需要我们去应对，而新世界的轮廓仅依稀可辨，未来发展尚不明朗。我们必须制定出各种策略，以实现从旧世界到新世界的过渡。

策略 A：只要现有的方法仍然有效，就继续沿用。

策略 B：不断地观察新事物，为处于萌芽状态的新实践做充分准备，了解新的思维方式、方法和工具。

策略 C：为新旧世界的更替做好准备。

这三种策略之所以缺一不可，是因为它们在本质上属于不同的维度。对于大多数人来说，如果时代巨变使他们宝贵的实践经验变得毫无用处，那将是令人非常不安的。然而事实往往更糟，这些经验甚至可能成为发展道路上的障碍，正如登山中攀登难度从六级升级到七级经历的争议和坎坷。随着大变革的不断深化，之前所有的导航工具不仅会变得无效，甚至会指向完全错误的方向。

为新旧更替做好准备……

阻碍数字通信发展的最大障碍，莫过于数十年来的模拟通信技术中所获得的成功经验。同样，固定电话的成功也曾阻碍我们向移动电话发展。对于汽车行业的发展而言，在马车制造中所积累的经验无足轻重。类似地，当现代社会从机械时代进入计算机时代时，我们能继承和发展的经验也是少之又少。当人们试图发展数字化影像时，以往的摄影知识与技术也成了一大障碍。因此，那些曾经叱咤风云、傲视群雄的大型企业很少能成功实现转型。

这种观点令那些有丰富成功经验的管理者战战兢兢。我自己也曾对这种变革所带来的巨大影响感到无比震惊。在新旧世界更替的转型期，属于旧世界的事物很难延续到新世界，一切都将是崭新的——我们必须要心中有数，有意识地做好应对准备。

风险与决策

现在以及未来的管理者迫切需要提升处理复杂问题的能力。就这点而言，登山运动是一个完美的"训练场"。

做好准备工作

先不谈登山探险，即使是中等难度的登山旅行的策划和准备工作也是一项艰巨的任务。任务的核心是预先考虑一切可能发生的情况，并做好应对措施。优秀的登山者或者管理者都应当具备对未来的预测能力。但没有人能完全预见未来的发展，无论是在经济上，还是登山中，变化都是瞬息万变的。因此我们需要适当的策略，做好万全的准备，以便在关键时刻能够采取正确的行动。

准备工作包括带上必要的装备、保持身体状况良好，但更重要的是做好心理上的准备——在登山还是管理中皆是如此。做好心理准备最适当的方法之一，就是在脑海中预想所有可能发生的情景，这种方法可以帮助我们在关键时刻采取最恰当的行动。从莱因霍尔德·梅斯纳尔的登山记录中，我们可以看出他对这一方法已经运用自如。他通常会在脑海里预演即将来到的登山旅程，从而通过所谓的"直觉"和"本能"迅速采取正确的行动。

这种方法在管理中同样重要，但很少有人知道这一点。管理人员的培训通常建立在过度简化的基础上。虽然这类培训也声称世界是复杂的、不确定的，但实际传授的却是简化方法，世界也被视为是可以规划和计算的。这种方式会导致思维方式机械化，因此在应对复杂情况时并不适用。

登山的经历让我领悟到，大自然自有其运行规律，不会以人类的主观意志为转移。对预期任务进行心理模拟并不意味着制订商业计划。当然，人们可以在脑海中对一项任务进行预期模拟，但制订一份商业计划并不局限于此。成功的关键不仅仅需要制订计划，还需要有未雨绸缪的睿智。只有那些能够快速适应复杂环境，甚至在面对复杂环境时可以反客为主的人，才更有可能得到机会的眷顾。

> 做好心理准备最适当的方法之一，就是在脑海中预想所有可能发生的情景……

犯错

我们经常会听到一些经理人甚至是高级经理人骄傲地说，他们公司允许犯错误，因为他们坚信只有犯错才能获得进步。

以前，我经常和管理者们就这个话题进行辩论。现在，我只会提出几个简单的问题："如果您知道一家航空公司不严肃处理飞行员的失误，您会选择乘坐他们的航班吗？""您会不会推荐其他人去一家使命宣言写着'允许犯错'的医院？"我得到的答案总是："我并不是这个意思……"管理理论中竟然有这么多荒谬的言论，实在令人瞠目结舌。

此后，管理者们又尝试了另一种表述方式：允许犯错误，但要从错误中学习。然而，这也是不可取的。如果医生需要不断地从错误中吸取教训，那么病人就要因此而承受痛苦，这对病人来说有害无益。

我们必须接受，即使是最好的管理中也会出现错误，但如果因此就允许人们犯错，甚至以错误为荣，将其作为特殊的先进管理方式加以宣扬，那就大错特错了。这种行为不仅是误导，而且极其危险。

有些错误不能犯，一次也不行。

管理中的原则应是不允许犯错。管理者只有接受这一原则，才能有效地区分不同情况，比如在某企业中允许试错，这与上述的"不允许犯错"不同。试错应在可控的条件下进行，以保证错误不会造成严重的后果。

同样，初学者在接受培训、熟悉情况以及积累经验的过程中也会犯错。但这一过程通常伴随着持续的监督和指导，直到确保不会再出现任何错误为止。这就是培训的目的。

持反对观点者可能会认为，有些组织的员工因为害怕犯错，所以什么都不敢做。这一现象确实存在，但我们不必强调这种做法的错误性。一般而言，严重的管理失误（尤其在处理错误时的失误）才会导致这一不良后果。但解决这一问题的方法绝不是为犯错找借口。现代社会的各行各业都不能允许犯错，对于心外科医生、审计人员以及登山向导都是如此，这同样也适用于企业管理者及其员工。

我很早就注意到，惨烈的山难事故发生后，人们便开始反思，思考如何才能预防事故的发生，并开展轰轰烈烈的创新运动。事故会推动技术进步，越来越精良的攀登绳索和安全装备随之出现，包括弹簧扣、挂钩、头盔、安全带、服装、冰爪和其他装备等；装备使用和安全技术方面也取得了长足的进步。德国阿尔卑斯俱乐部在其创始人皮特·舒伯特（Pit Schubert）的长期领导下建立起来的安全研究小组，做出了杰出的贡献，舒伯特本人也是杰出的极限登山家。他曾在《岩石和冰层的安全与风险》（*Sicherheit und Risiko in Fels und Eis*）一书中描述了 1995 年之前发生的多起登山事故。

正因如此，相对于快速增长的登山人数，登山事故的数量明显减少，事故的严重程度也大大降低。如今高山救援组织堪称典范，人们正竭尽全力避免错误产生。然而，在管理上这方面却几乎没有丝毫进展。虽然企业在操作安全、工艺安全和产品安全等方面已经取得了长足的进步，但管理功能本身并没有得到改善。相较于登山中的错误，人们仍未开始全面系统地分析管理中的错误。

应对风险

一直以来，登山都被认为是一项充满危险的体育运动。然而，统计数据却显示了相反的情况：在高难度的登山中发生意外事故的概率极低。这是因为在不断攀登中，人们已经学会了如何规避风险。

根据传统的登山经验，登山者应分为勇猛型和年长型两类，很少有登山者能够同时具备勇猛和年长两个特点，因为年长总是与稳重、低风险相伴而行。要想成功登上山顶，必须要有胆量，但如果不能控制风险，就会有生命危险。莱因霍尔德·梅斯纳尔是二者兼备的极佳典范，被认为是最杰出的登山家之一。但是我们从所有关于他的资料中可以看出，他登山时十分谨慎，会尽一切可能规避风险。在我看来，这比他的胆魄更令人钦佩。

有经验的登山者的谨慎和风险管理，是值得管理者和企业家学习和借鉴的。有些人总是要求企业家要有承担风险的能力，但其实他们自己并没有收获多少商业经验。诚然，现实社会中不乏愿意主动承担风险的企业家和管理者，但他们领导的企业往往在几年后就会陷入困境，甚至濒临破产。而优秀的企业家和登山家则会始终如一地规避风险。在电影中，我们常常能够见到勇敢的登山者，听到他们的英勇事迹。虽然电影中的情节常常震撼人心，但它们展现出的人物形象都是虚构的。事实上，优秀的登山家和管理者很少会体验到戏剧性的反转起伏，因为他们总是尽可能地规避风险。反而是那些屡屡陷入险境的人需要进行自我批评，反省自己的登山和管理能力。

冒险精神　就在雷曼银行破产和全球危机爆发的前几年里，社会上对追求冒险的企业家和管理者的呼声空前高涨。在很多人看来，积极进取、勇于拓新、远见卓识、敢于冒险、充满活力的先锋个性是新经济发展的动力。这也导致了人们对不断累积的风险视而不见。而20世纪90年代多次金融危机的惨痛教训明确地告诉我们，如果不及时采取行动加以纠正，最终将导致巨大的危害。

现实究竟要求企业家具备什么品质？真的有企业家和管理者愿意冒险吗？如果有，是哪些人？他们是否是优秀的企业家和管理者？是那些能多次战胜危机的企业，还是一遇到意外困难就申请破产或被收购的企业？

最具危害性的莫过于不理解风险和盲目呼吁冒险。

登山者只有两种类型，勇猛型和年长型。

优秀的企业家与风险的关系极其复杂。他们明白险中求胜的道理，但他们也深知风险足以把企业推向毁灭，因此，他们明白明确区分不同类型的风险的重要性。其中有四种风险，我们必须仔细分辨。

第一种是一切经济活动中必然存在的风险，也就是普遍风险。众所周知，生活本身就是充满风险的，经济活动也不例外。风险的威力通常远远超出我们的想象，我们生活在社会保障制度完善的社会中，因而无法真实地感受到风险的破坏力。在经济活动中，没有什么是完全稳定与安全的。每年年底，无论年度账目状况如何，所有账目都要算清，开始新的征程。

真正的管理者都知道这一点。他们对增加风险的呼声表示质疑。他们并非像"商业观察家"所认为的缺乏企业家精神，因为即使经济活动中的常见风险也不容忽视，其中也包含着失败的风险。

第二种风险是普遍风险之外的额外风险。这种风险不足以致命，是人们能够承受的，因此人们可以冒这个险。

第三种风险也属于额外风险，但通常情况下人们完全无法承受，因为这种风险一旦发生就足以对企业造成致命的打击。无论胜算有多大，无论别人如何要求，都要尽量规避这样的风险。面对这种风险，即使是最精确、最科学的分析和计算也不能准确地预测出未来的发展趋势，关于风险的概率计算更是毫无用处。对此我们不应该问风险发生的可能性有多大，而是要重点关注虽然这种风险发生的概率极低，但如果真的发生了，应采取怎样的应对措施。

这并不意味着人们应该消极逃避风险而终止相关项目。但是与其绞尽脑汁地预估风险概率，我们不如思考如何将第三类风险转化为第二类风险，如通过起草严谨的合同，与可靠的业务伙伴合作，或者寻找愿意承担风险的合作者。21世纪初一些银行在房地产行业以及后来在对冲基金融资和风险投资中就采取了这类策略。

最后，还有第四种风险。这种风险是人们难以绕过、必须承担的。在这种风险中，经济和社会在全球范围内牵一发而动全身。这是"巨大变革"的风险。风险与机遇并存，冒险固然危险，但我们会获得创新的机遇，而不冒险则会更具风险，因为这样一来，创新就会与我们擦肩而过。因此，如果我们想正确地评估和把控第四类风险，就必须要有正确且良好的管理。

必须做出决策

管理者必须做出决策。这并不是他们唯一的任务，但是最重要的任务之一。当所有的分析和讨论结束之后，必须有人做出决策。登山也是如此，作为管理者，我们也可以从登山的决策中汲取宝贵的经验，并付诸实践。无论管理还是登山，重要的是厘清形势的内在逻辑，并承受重大决策带来的压力。

> 这种风险是人们难以绕过、必须承担的。

试想一下，如果我们还没有完全适应登山环境，但知道会有恶劣的锋面天气来临，而且持续时间尚不确定，我们会继续冒险攀登 2000 米到达海拔 6200 米的高峰吗？还是会迫于恶劣天气而放弃此次攀登？

或者更好的方法是，我们祈祷恶劣的天气能够快点过去，以便还有足够的时间继续前行。但是，在经历了风暴之后山上的情况如何？我们有没有可能在暴风雪后继续攀登？如果要与恶劣的天气抗争，我们是否应该精简装备以确保攀登的速度？还是应该在无法保证速度的情况下携带所有装备在山上露宿？我们是否会被暴风雨困在露营地数日？

这些都是我们在阿拉斯加麦金利山海拔 4300 米处的医疗营地时所面临的问题，当时天气还很好。深思熟虑之后，我们决定继续攀登，最后，两名队员成功登顶。然而，我和登山向导赫尔曼却在距离山顶只有 200 米的时候被迫于海拔 6000 米处折返，因为那时冷锋已然来临。那是我做过的最艰难的决定之一，如果当时我是独自一人的话，可能会做出完全不同的错误决定。

阿拉斯加麦金利山　麦金利山被称为世界上最坚硬、最寒冷的山。它是北美洲的第一高峰，也是地球上最北的一座山峰，位于北极圈以南约 320 公里。麦金利山的攀登难度极高，它以寒冷恶劣的气候（零下 40 摄氏度是常有的）和令人惊叹的高山风暴（风速超过 150 公里/小时）著称。另一个导致攀登困难的原因是，与安第斯山脉或喜马拉雅山脉不同，这里没有夏尔巴人帮助人们搬运重物。在这里，你是你自己的夏尔巴人，每一克行李都要自己扛。

我很早就萌生了攀登这座山峰的想法。我们一行共四人——我和我的儿子康斯坦丁、曾登顶过两次麦金利山的登山向导托尼·特鲁默，以及还没有去过那里的赫尔曼。我们希望在攀登时有更高的自由度，也不想因为互相影响而降低登顶的概率。于是我们组成了两支登山队伍——康斯坦丁和托尼一队，赫尔曼和我一队。每支队伍都有自己的节奏，并能够独立做出决定。后来这一做法被证明是正确的。

起初，天气对我们还算眷顾，因为当时已经是持续了六周的阿拉斯加高压天气的最后阶段。当我们到达海拔4300米处的医疗营地时，天空晴朗无云，周围群山环抱。我们的对面是福克山（Mount Foraker），映入眼帘的是一座高达600米的巨大冰面，上面设置有一些保护点，有一条小路可以翻越西巴特·雷斯（West Buttress）路线，直达麦金利峰。根据天气预报，未来一天的天气也会很好，但之后的天气会非常糟糕。因此我们必须立即做出一个重要的决定。

在那时，我们已经连续完成了两次970米的向上攀登，因此需要至少一天的时间来休息和进一步适应环境。我们是否要等到锋面天气结束再继续攀登呢？但我们没有那么多时间等待。最终，我们决定趁着好天气，在5月26日那天本着"轻装、快速"的原则，以最少的装备、最快的速度连续攀登1900米，到达海拔6195米的顶峰。我们也许能够成功……但如果不能成功登顶，我们就选择原路返回。这次攀登权当是适应路线，之后再对情况进行重新评估。

我们的另一个两人团队，托尼和我的儿子，在经过 14 个小时的攀登后终于成功到达了山顶。相比之下，我的行进速度较缓，我的呼吸节奏不是每步 2 次呼吸，而是每步 3 次呼吸；我也无法做到每走 15 步再休息，而必须每走 10 步或 12 步就停下来休息。经过 12 个小时的攀登，我和赫尔曼终于到达 5990 米的高处。在此之前，有一名单人攀登者从我们身边经过。

这是我做过的最艰难的决定之一……

与此同时，天气状况也在急转直下，而且比我们预计的更糟。恶劣的冷锋正在逐渐向我们逼近。我们可以看到地平线上矗立着的巨大云层，不禁让我感到恐惧。我们打算稍作休息，再商量下一步的计划。当时，我们还站在阳光之中。我拿出保温瓶喝了点水，感觉身体状况很好，想继续向上攀爬——最后的 200 米！但我深知，在这样的高海拔地区，人们往往会错误地高估自己的能力。我们上山前，我就告诉赫尔曼，在必要时一定要逼我下山。我渴望登上山顶，但也不反对沿途返回，因为我们都不想被冻伤。这一点从一开始我就很清楚。

最终，赫尔曼决定下撤。可笑的是，我们距离山顶仅仅只有最后的 200 米……在这种天气条件下，我们需要再攀登 3 个小时，先是穿过宽阔的高原，再翻越裸露的山脊，最终才能到达山顶——这是一场与风暴的赛跑。如果不是因为我拖后腿，赫尔曼也许有望登上山顶。但作为登山向导，他为自己设定的目标显然不仅是登顶。

继续攀登的风险确实太大了。因此我们需要立即下撤 1700

米，返回到海拔 4300 米的营地。为了节省体力，在攀登时我们只携带了最轻便的装备，没有携带帐篷和口粮。

在如此接近顶峰的时候做出下撤的决定实属不易，但事实证明我们的决定是正确的。下撤还不到半个小时，我们就完全陷入了白茫茫的暴风雪中。山脚的雪比山顶更大，因此我们在后半程不得不在 40 厘米深的雪地中艰难前行。历经 9 个小时的下山过程，我们终于在出发 21 小时后再次返回露营地的帐篷。虽然帐篷湿漉漉的、冷冰冰的，而且还被雪包围着，但帐篷里的舒适度却堪比豪华酒店……

登山者们都知道，选择回头往往比继续前进更难。

在之后的几天里，由于天气不佳，我们无法再进行登顶的尝试。5 月 29 日，我们终于在暴风雪中返回到了海拔 2200 米的大本营。对于我和赫尔曼来说，这是一座梦幻般的山峰、一次难忘的经历，选择下撤是一个艰难但正确的决定。我们在几天后回到安克雷奇才知道，攀登时遇到的独行者是一名年轻的陆军士兵，他后来由于严重冻伤被人们救了回来。

选择下撤并不意味着失败。登山者们都知道，选择回头往往比继续前进更难。因为我们攀登不是为了赴死，而是为了活得更加精彩。优秀的企业家和优秀的登山者一样，都具有很强的风险规避能力。但是在适当的时候，他们也会及时做出决策，把握机会。

在登山中，我还做过许多其他的艰难抉择。其中的决策逻辑，与我多年在商界投资、创新和收购的时候所面临的情况如出一辙。

了解情况，明确问题　决策究竟要解决什么样的问题？这是我们在决策过程中要明确的第一要务。我们应当尽可能地花时间把这个问题考虑清楚。也许我们会发现，真正的问题和我们最初的设想大相径庭。如果我们不能搞清楚决策所要解决的问题，就永远不可能做出正确的决策。

又快又稳　无论是登山者还是管理者，都会面临需要立即做出决策的情况。这属于不得已而为之，但管理者应尽量避免这种情况的发生。管理者不应该让自己被决策的压力所操控。我很清楚，决策过慢会导致计划无法落实，但决策过快也可能给公司带来灾难。

判断力与专业性　决策的速度与质量是管理中的重要问题之一，目前尚无统一的解决方法可以套用。这需要判断力（可以磨炼）、经验（需要时间来获得）以及大量精深的专业知识（不能用空话来代替）。

快速的决策往往是自发的，并常常基于直觉。即使是最优秀的管理者也会为自己敏锐的直觉而感到自豪，这不难理解。但他们对待直觉的态度也常常十分矛盾。直觉是真实存在的强烈主观认识，这一点毋庸置疑。但关键问题在于，我们如何能够知道自己的直觉是否准确？正是由于我们的主观确定性非常强烈，因此直觉也可能是一种危险的信号。

质疑并寻找备选方案　实际上，备选方案总会比我们目前已知的方案多。高效的管理者永远不会满足于他们所想到的或下属提交的第一种方案。即使这些想法看上去不错，管理者们也会毫不犹豫地否定这些方案，并问道："难道没有其他的备选方案了吗？"他们很清楚，这样做会使自己不受欢迎，但他们同时也知道，这是激发创造力、优化解决方案和完善精细管理的基本要素。高效的管理者重点关注的是那些为数不多的真正重要的决策，因为他们知道，做出正确的决策需要投入大量的精力和时间。

充分考虑备选方案的后果和风险　这一点也非常重要，针对每一种备选方案，我们必须界定其限制条件。即使对备选方案的分析已经十分详尽，最终也还是会有一些我们没有考虑到的东西，因此只能得出一些猜想。这些猜想就构成了每个备选方案的限制条件。因此，想要正确界定限制条件，首先要回答一个问题：在何种情况下，我们能承认自己决策失误？

做出决策　当以上所有步骤都完成之后，我们就必须做出决策了。我们做出决策——也可以说决策会自动出现，因为不当机立断的决策也是一种决策。只有在这个时候（而不是在决策最开始的时候），我建议应该聆听一下内心的声音。假如这时内心有个声音清晰地告诉自己"不要这么做，这里有点不对劲"，那么我们就应该认真对待自己的直觉，重新审视决策过程。有些人会认为这是优柔寡断，但其实这需要极大的勇气和优秀的判断力。

执行　做决策的确很难，但是执行决策往往更为困难，也更重要，这也是大多数组织真正的弱点。我认为，执行决策是决策过程中的必要环节。因此，优秀的管理者在决策过程中的每一步都会仔细斟酌，并提前考虑到后期的执行方案。

实际上，备选方案总会比我们目前所知的方案多。

麦金利山的登山道,风之角(Windy Corner)上方,2002 年

麦金利山，卡希尔纳冰川（Kahiltna Gletscher），海拔 3150 米，2002 年

麦金利山，医疗营地，海拔 4300 米

麦金利山,在海拔5990米处做出抉择

少数的原则规范着行动的有效性以及管理与自我管理的效能，它们是专业化管理的基础。

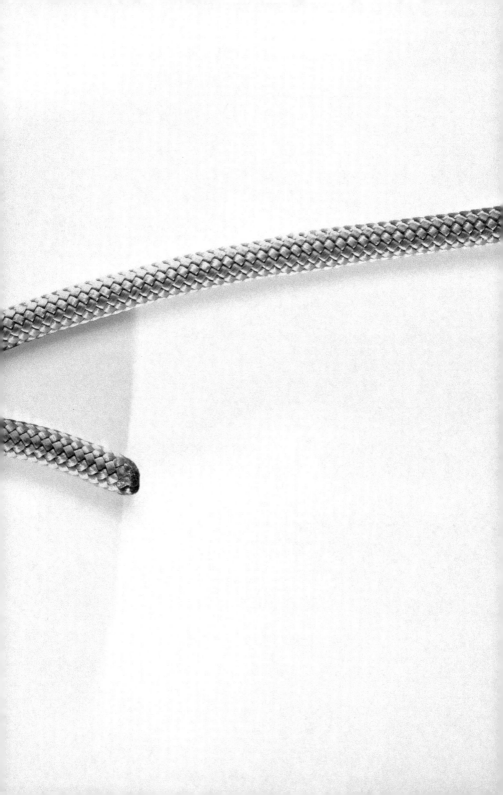

WENN GRENZEN
KEINE SIND

第 4 章

正确与错误的管理原则

如何变得高效

在减轻压力的同时，高效地完成自己的任务，想要实现这一看似乌托邦的目标，只有一条途径，那就是掌握正确的管理方法。本书的开篇就提到了这一点，高效行动和个人效能原则是管理学的核心内容。

这些原则适用于所有人，无论他们的文化背景、出身和学历如何，每个人都可以利用这些原则来提高工作效率。同时，这些原则也可以应用于各个组织、岗位、职业，从而为正确、有效的管理奠定基础。

无论是登山还是管理，只要我们面对的是能够应付的情况，管理原则就没那么不可或缺。唯有身处困境，面对复杂的问题，找不到明确的解决办法时，我们才会意识到管理原则的实用性和必要性。

高效行动的原则及其在管理中的运用，在很大程度上可以通过学习来掌握。高效行动并非与生俱来的技能，我们必须主动去学习。但无论是在中小学还是大学里，都很少有老师会传授这些知识。一些人很幸运，能够在生活中较早地遇到自己的人生楷模，并且通过向他们学习，轻松地提高了自己的工作效率。

因此，下文将介绍一些高效管理的原则。这些原则不仅能够保证行动的有效性，还能够提升管理和自我管理的质量，是专业化管理的基础。不仅如此，这些原则还能够为管理任务的执行和管理工具的使用提供指导，是管理效能的核心。这些管理原则，可以清晰地体现出组织良好运作必备的价值观，有助于建立正确的企业文化。

做人还是做事

人们经常会问："管理者应该具备哪些特征？"在提出这个问题时，提问者会在心里设定一个具有特定的性格特点和能力的理想的管理者形象。但这种理想的管理者只存在于我们的想象或媒体的描绘中，在现实中是不存在的。

人与人之间有多大的差异，成功的、有能力的管理者之间就有多大的差异。有些人有很强的分析和计算能力，做事有条不紊；有些人则冲动、感性，思维跳跃。有的管理者头脑灵活，有的管理者则智力平平。有的人是真正的工作狂，有的人则习惯于较悠闲地工作。有些管理者性格外向，善于沟通；有些管理者则较为内向、孤僻。

高业务能力和成功几乎与这些因素毫无关系，关键不在于他们是什么样的人，而在于他们是如何做事的。重要的不是个人特征，而是行为方式。各行各业的高效能人士，尤其是管理者，无论其性格特征和个人特点如何，他们都有一个共同特征，那就是在行动时都会遵循一定的原则。

高效能人士成功的关键就在于，无论何时、何地、从事何种工作，他们都会遵循六条主要的原则。这些原则中包含了高效行动的"秘诀"。作为管理者，我们也应该将这些原则视为行动指南。

关注结果

我们在前面已经提到，登山运动是以结果为导向的。如果一位登山者在接近山顶时选择放弃，无论出于何种原因，也无论距终点几米，都是功败垂成。在登山者眼中，重要的是达到预设的目标。除此之外，他们还会关注一些类似的问题：应该取得怎样的成功？何时能取得成效或者真正达到目标？

高效的管理者也遵循"关注结果"原则——这体现了他们的专业性，但这并不意味着他们总是能实现自己的目标。恰恰相反，就像登山史上不断的失败和重新尝试一样，管理者也会遭遇挫折和失败，并在之后进行新的尝试和探索。也正如登山运动一样，成绩是衡量他们是否成功的唯一标准。优秀的管理者不会掩盖事实，更不会用借口来逃避责任。诚信与担当是管理者获得他人尊重和信任的基础，也是他们的资本。在管理中，结果至上。但对于管理者来说，结果不是仅仅指经济利益，而是指所有与企业顺利运营相关的要素。

管理原则和生活原则　值得注意的是，我将上述"关注结果"原则称为管理原则，而不是一般的生活原则。很多时候，我们会将管理原则与生活原则相提并论，甚至混为一谈。

是否要把"关注结果"这一原则应用于自己的生活，取决于每个人自己的选择。在个人生活中，我所做的很多事并非为了结果，而是出于许多完全不同的原因：因为喜欢，觉得这件事美好、有趣、有意义等。正如我多次提到的，我热衷于滑雪，单纯是出于喜欢，而不是为了赢得比赛。

在管理中，结果高于一切。

达到目标才是最终目的　优秀的管理者不会找借口逃避，而是立足于事实。我们常常听到一个意义深刻的句子，即：旅程本身就是收获。这一表述也可以被视为对无成效管理的辩解，认为拥有"过程"就可以算是成功，即使没有收获任何结果。

但是在登山界，达到目标才是最终目的。现如今，人们登山的目标已经不局限于登顶。更多的时候，登山的目标是挑战某条路线，或是以某种方式（比如以公平的手段）进行攀登。但这改变不了这样一个事实，即我们的最终目的不是享受过程，而是达成目标——成功地完成既定路程。单纯为了攀登而攀登是没有多大意义的。这样做仅能达到训练的目的，或者是寻找攀登的乐趣。但是对于登山者而言，最重要的是成功完成一段攀登，首次攀登尤其如此。

优秀管理者在思维和行动上的一致性，突出体现在关注结果上。他们只对结果感兴趣，其他事情都要为目标让步。他们对结果的关注有时甚至会达到病态的程度，令周围的人感到不悦。然而，对他们个人而言，结果的重要地位不可撼动。

对大多数人而言，对结果的关注并非理所当然。即便组织中的所有员工都在日复一日地努力工作，也未必能取得成效。经验丰富的管理者都知道，引导员工持续地关注目标和成果并非易事。人的天性倾向于注重投入而非产出。因此大部分人在工作中更多的是以努力工作和辛勤付出为导向，而不是以业绩和成果为导向。

想要强化组织中关注结果的观念，需要管理者不断地、系统地为之努力。因此这项原则也被视为管理工作的重要指导原则。**结果是衡量管理者及其管理成效的唯一决定性标准。**衡量管理者的关键不在于其所从事的工作，也不在于其所付出的努力和艰辛，而在于其所取得的成果。

为整体做贡献

我们需要关注结果，但仅获取结果是不够的，重要的是要取得正确的结果。虽然每个组织的工作内容各不相同，但有一点是相同的，即人们需要跳出自己的工作领域和专业范围，以更大的格局在整体的层次上进行全盘考量，这是取得正确结果的前提。我们必须思考："我在自己的岗位上要做些什么，才能为整体的发展做出贡献？"

也许三个泥瓦匠的故事能够更好地帮助我们理解这一原则。一天，有三位泥瓦匠正在建筑工地上干活，有人问道："你们在做什么呢？"第一个泥瓦匠回答道："我在谋生。"第二个泥瓦匠说："我在做世界上最出色的泥瓦匠做的工作。"第三个人思考了片刻，回答道："我在这里参与建造一座大教堂。"

在组织中，我们需要这三个人，但只有第三个泥瓦匠才具有真正意义上的管理者潜质。按照弗兰克尔对意义的理解，第三个人认为自己的工作和任务是服务于整体的。劳动分工和专业化的程度越高，人们就越可能失去对整体及其目标的理解，取得的成果也越可能与整体目标渐行渐远。这种情况往往会迫使管理者越来越多地参与到组织内部的协调工作之中,最终导致组织以集权方式进行管理,这种结果是谁都不愿意看到的。

我可以贡献什么? 只有每位员工做到不断反思"我能以自己的方式为整体做出什么样的贡献",才能防止这种情况的发生,才能证明一个组织能够进行自我调节、自我协调和自我组织。

组织的调节、协调和组织能力并不是来自任何的神秘力量或计算机系统,而是来自员工能够在对整体目标有深刻理解的基础上,自发地将自己的行为服务于整体。

这也是充分利用人才最有效的途径。人们普遍抱有一种不切实际的想法,期待专才能在自己的专业之外再去拓展其他专业领域,然而这并不能使专才成为通才。我们需要做的,就是要求专才将其才能与整体目标结合起来,将自身的专业知识融入组织的整体框架之中。

组织规模越大,就越难回答有关贡献的问题。因此,为这个问题找到明确而有说服力的答案也显得愈发重要。这是管理者最重要的任务之一,也是从效率跨越到效益的重要一步:从把事情做对到做对的事情。

只有当我们把关注的重点放在对整体的贡献上,才能够在组织内部的各个层级确定正确的目标,合理地利用资源,为成果评估找到适当的基准,并建立信任和公正。因此,管理者需要仔细思考"我可以为整体做出什么贡献""我的员工做出了哪些贡献,并且应该做哪些贡献"。

对于这类问题,我们总是可以轻易地给出简单的回答。但是优秀的管理者与一般的管理者和非管理者不同,他们对待这些问题的态度往往极为谨慎,从不满足于一种答案。

若我们对各部门的贡献进行深入分析,就会发现组织内部存在诸多问题。比如,整个组织的目标并不清晰,各个领域、部门的贡献也无法明确界定。因此,我们只能通过充分的考量,以及与员工、同事和上级进行深入探讨来找到解决方案。

在解决问题的过程中我们又会发现,管理者若想要在偌大的复杂整体中将贡献最大化,则必须掌握平衡、权衡和融合的艺术。

因此,有关贡献的问题永远没有单一维度的答案。总是有各个层面的问题需要人们考虑、整合、折中、权衡利弊。优秀管理者的优势往往在于,他们能够自洽地与现实中的模糊性和内在不确定性共存,学习在不确定中寻求突破,而不是构建出一个虚幻的、貌似清晰和确定的环境。

聚焦关键

如果我们将努力的重点放在结果以及对整体的贡献上,那么很快就会意识到自己在工作中很难实现多任务并行。想要聚焦结果和全局,我们需要将注意力集中在少数几件优先事项上。即使我们有能力同时处理许多事情,也无法保证同一时间内在每件事情上都大获成功。

彼得·德鲁克曾说过:如果说实现高效能有什么秘诀的话,那就是"专注"。高效的管理者会区分任务的轻重缓急,从最重要的事做起,并且一次只做一件事。

"聚焦关键"这一原则在任何领域都十分重要,在管理活动中尤其如此。因为没有任何一项工作会像管理工作一样,如此长期、严重地受到精力分散和浪费的影响。正是管理工作的特点,凸显了聚焦关键的重要性。如果我们想要有所成就,就必须做到专注。这一原则不仅能够自动帮助我们区分任务的优先级,还能够充分体现出我们的专业性。

从最重要的事做起,并且一次只做一件事。

拒绝无意义的消耗 然而,在管理中,仅仅做到"专注"是不够的。**如果我们想要有所作为,取得成功,就必须将注意力集中在少数几个经过精心挑选的焦点上。**在选择优先事项时需要细致、认真、全面考虑各种情况和实践经验。

这一点在登山中体现得尤为明显。由于登山运动的特点,人们在登山时比在工作中更容易做到专注。从长达几个月的训练到凝神聚力开始登山,登山者都只专注于唯一的目标。一切分心的事情都会增加这项运动的风险。登山运动也能够调动登山者所有的感官,使专注变得更加简单。当人们把注意力都集中在预想的困难上,紧张情绪甚至恐惧感也会随之增加。登山者眼中没有其他的事物,只有这座山,只有这条路线,只有这一刻。有时,我们会听到一种反对的声音:这一原则已经过时,不能应用到更为错综复杂的情况中去。然而,实际情况恰恰相反,正是由于环境变得越来越复杂化、网络化、互动化,这一原则才变得至关重要。在过去,这一原则的重要性并没有凸显出来——原因很简单,在简单的环境中,人们根本不需要应用这项原则。基本上没有什么事情会分散我们的注意力，因此，人们会自动遵守这项原则。无论是田间地头的农民，还是钢铁厂的工人，抑或是中世纪的石匠，都不会像管理者（尤其是高层管理者）一样受到注意力分散的困扰。在登山中，攀登者也并不会同时完成数个登山旅程，即使这些旅程被安排在同一天内，他们也会一个接一个地去完成，正如1985年克里斯多夫·普罗非特（Christophe Profit）用了22小时30分钟独自完成了阿尔卑斯山三大北壁连攀。

情况已经十分清楚，我们可以同时处理许多不同的事情，甚至可以同时完成。但是我们不可能在很多不同的领域都取得成功。我想再一次强调，我们应该学会区分并重视工作与成就、投入与产出、忙碌与成功之间的差异。

除了巧合和运气之外，凡是在取得成果、获得成功的地方，人们都可以看到聚焦原则的身影。实际上，几乎所有的成功人士，都是做到了专注于一件事情、一项任务或是一个问题。他们的专注常常到了痴迷甚至病态的程度（这当然不是我所推荐的）。但是有一点不可否认，聚焦一件或少数几件事是取得成功的关键。即使我们想要取得一般的成就，这也是关键之所在，若想要获得卓越的成就，就更应如此。

这一原则的重要性在不同的领域中得到证实。更具启发意义的是那些身处困境，如疾病、残疾、工作繁重，但仍能高效工作并取得成功的人，他们的成功无一例外，都是因为能够在恶劣的条件下仍全神贯注于自己的工作。这一点对脑力劳动者尤为重要，在各类组织中，他们都是人数增长最快的群体。脑力劳动者需要大块且不受干扰的时间，工作才能卓有成效。每一次工作的中断，都会导致他们重新花时间适应工作内容，寻找思路，从而增加工作所需的时间。这一点不同于手工劳动者，他们的工作即使被中断，也不会造成任何生产力的损失。

假如管理者自身的工作效率较低，那么他往往会成为导致员工精力分散的主要原因。但如果管理者在工作方法上已经达到了很高的水平，甚至可以被视为典范，那么他的管理任务之一就是引导员工专注地工作。最好的办法是给员工布置复杂且重要的任务，并且最好一次只安排一项任务。诚然，非常优秀的员工仍能够同时高效地完成两到三项任务。但这样的话，人们就不得不承担精力分散和碎片化的风险。

利用优势

到目前为止，我们讨论了提升管理效能的基础是注重结果，明确地解析了其对整个体系的作用，并首先集中能力解决几个关键的优先事项。现在，将前三项原则与第四项原则结合起来，就能充分发挥它们的作用，获得卓越绩效。

集中能力的最佳良方就是取人所长。

充分利用既有优势是能够帮助普通人创造出非凡成就的"秘诀"。我不打算在这里详述，但需要强调的是，这一原则无论对于管理者还是他们的下属都同样重要。企业的员工也需要关注老板和团队中同事的优势。那些只看到自身弱点的人，最终会使自己深陷困境，但只要能够调整思维方式，发现并利用自身及他人的优点，困境就会自行消失，这已成为一条铁律。

当今大多数组织都面临着越来越大的绩效压力，也期望在各个领域都能取得最优绩效。但事实是，组织内的工作人员大多是普通人，并不能保证每天都取得最佳业绩。

解决这一矛盾只有一种方法，那就是严格遵守利用优势这一原则。发现员工的优势，并在布置任务时尽可能地使更多的员工在各自擅长的领域内工作，才可能产生卓越绩效。

相互信任

第五条原则是，相互信任。随着组织结构的日益复杂，这一原则对组织的运作越来越重要。信任是组织实现自我调节和自我管理的基本条件之一，也是把握复杂事务的最重要技能。如果用教科书的标准来衡量，那么虽然有些管理者的所作所为明明都是错误的，但他们为组织营造了极佳的环境，也取得了良好的业绩。而有些管理者完全按照教科书行事，但组织环境却非常糟糕，甚至总是出现问题。这该如何解释呢？

对于这种现象，几乎所有的解释都是：第一种类型的管理者成功地赢得并维持了员工、同事和上级的信任。只要能够建立起信任的基础，就会形成坚实的管理环境。这种坚实的管理环境足以应对管理错误——错误每天都会发生，大多数管理者都会犯一些管理错误，他们其实是不希望也往往意识不到犯这些错误的。

重要的问题不在于是否在管理中犯了错，而在于这些错误的严重程度。有一些错误可以被建立在信任基础上的、坚实的管理环境淡化和调节。虽然员工会遭受挫折，偶尔会有愤怒和不满，但他们知道自己的上司是可以信任和依赖的。这一原则同样适用于同事之间的关系。

值得注意的是，目前有很多关于动机理论的文献，但谈及组织中信任的文献却少之又少。对于组织中信任问题的研究远不及其他领域，这与信任问题的重要性背道而驰。值得关注的是，信任是组织运作最重要的因素，却很少受到重视。当我在20世纪80年代中期开班的高级管理人员培训课程中谈到信任话题时，除了戴尔·赞德（Dale Zand）的一篇文章之外，几乎找不到任何其他的相关文献。直到2002年，赖因哈德·K.施普伦格（Reinhard K. Sprenger）出版了著作《信任引导》（*Vertrauen führt*），这本书随即成为管理学理论中有关信任的重要成果。

相互信任最终起关键性作用。

优秀管理者的行事原则是：关注相互的信任，而非彼此的动机。因此，优秀的管理者会竭尽所能创造充满信任的管理环境，防止任何破坏信任的事情发生。

尽管我们对信任还知之甚少，但可以肯定的是，信任并不属于心理学范畴。这与普遍的观点恰恰相反。良好的感情、良好的人际关系、人与人之间的"化学反应"和"共同的波长"都是有益且重要的，但它们更可能是信任所带来的结果。归根结底，信任就是可信赖性和可预期性。我们需要知道自己在上级和同事心中的排名。诚信的品格是至关重要的，而这意味着"心口如一，言行一致"。

我们在登山中可以很好地观察到这一点。登山团队不一定是以友谊为基础，但一定要建立在相互信任的基础上。首先必须要确保能够充分信任登山伙伴的专业性，这一点对于登山向导来说会有一些不同，他们主要依赖自身的专业水平，因为登山爱好者往往都是攀登初学者。如果他们已经有了登山经验，那么在攀登过程中，尤其是在攀登难度较大的情况下，登山向导必须能够给予登山者足够的信任，相信他们能够可靠地完成指定的任务，比如加固第一根绳索。

登山成功的基础是确信登山伙伴或探险队员具备攀登所必需的经验和能力，以确保能够顺利地完成任务。最重要的是对专业性的信任。由信任进而生发出友谊，妙不可言；就算不是朋友而仅仅是目标共同体，通过彼此的相互信任也至少可以达成目标，获得成功。

信任源于值得信赖。

正面和建设性的思考

目前有很多关于正面思考的江湖游医式的解读。这类解读往往让人们认为，自己仅仅凭借积极的思维方式，就一定能够创造出愚公移山般的奇迹。

但事实并非如此。若想要真正移动一座高山，我们需要的是推土机。我们的思维方式决定我们对"高山"的态度。它能够决定，我们在山中所看到的是危险还是机遇，而这在很大程度上决定了我们的行动。

优秀的管理者往往具有积极的、有建设性的思维方式。如果遇到一个无法解决的问题，他们就会强迫自己以这种方式去思考。他们并非天真的乐观主义者，也不依赖奇迹的发生。但生活教会他们，即使在艰难的环境中也要能够看到事物积极的一面。这并不意味着他们总能够获得成功，但他们深知消极的态度和期望是成功道路上的绊脚石，而积极的态度和期望至少会创造出成功的机会。

控制自己的思维，进而控制自己的态度和期望。这种能力的重要性体现在以下两个方面：**第一，从关注问题转向主动寻找解决问题的机会；第二，从依赖外部激励转向自我激励。**

管理者每天都要解决无数的问题、困难、矛盾和冲突。但是，仅靠完成这些工作并不能取得成功。只有抓住各种机会和可能性，才有创造成功的可能。为了达到这个目的，积极的思考方式不可或缺。因此，优秀的管理者会不断地提出这样的问题："在这个问题中蕴藏着怎样的机遇，怎样才能使它产生成效？"

正向思维可以促使优秀的管理者在困难环境中进行自我激励，而不需要等待外部激励。即便他们在评估后发现当下的情况依然非常糟糕，他们首先考虑的仍然是：我现在应该怎么做才能改变现状？

如果没有心理学研究所证实的"皮格马利翁效应"㊀以及自我实现预言现象，这一切都可能仅被当作健康祈祷、天真妄想或

㊀ 皮格马利翁效应，又称罗森塔尔效应。美国心理学家罗森塔尔和雅克布森在智力测验中发现，教师对学生的心理潜移默化的影响，可以使学生取得教师所期望的进步，也就是对人们的期望值越高，他们的表现就越好。——译者注

神秘主义而被嗤之以鼻。实际上，仅仅是对成效的积极期待就效果显著，或者至少能够增加成功的概率。这不一定适用于自然科学界，但适用于人与人之间的沟通。

尽最大努力　这一点非常重要，因为有太多的人总以自己所处的环境因素为借口，在工作中得过且过甚至毫无业绩可言。有些人声称，只有摆脱环境的约束，自己才能有所建树。他们不思考自己如何才能摆脱这些限制，而是坐以待毙，等待其他人去为他们改变。

持有这种态度的人总能率先知道，在哪些情况下什么是不可行的，什么是他们做不到的，什么是现在做不到的，什么是在这里做不到的。他们会指出他们能够看到的所有困难，或表明自己拥有的资源和预算不足，或由于缺乏框架条件而无法完成任务。他们的座右铭就是："这里不行，现在不行，现有条件下不行。"其实，人们只需停下来换一种思维方式："让我想想，怎样才能扭转局势……"

要想达到高效率，我们可以换一种态度去对抗消极思维，那就是：**无论身在何处，倾你所有，尽你所能。**

我们在很多情况下都无法完成所有想做或必须要做的事情。这是人之常情。但我们不应该将此视为自己无所作为的借口。对这种借口的有力回应是：尽己所能。

面对我们想要实现的目标，可获得的资源永远是不够的。即使是大型组织也会受到种种资源的制约，无论是资金、人力或是适合当前环境的理想条件。因此，我们应该持有这样一种态度：与其抱怨得到的资源有限，不如好好利用现有的资源。

有些人总是声称自己愿意做事，但又总是拖延时间：现在不做，而是升职之后再做；不是在现在的岗位上做，而是等换到下一个岗位再做；不是在这家公司做，而是到另一家公司再做。这些通常都是懒惰的借口，他们实际上并不是真的想有所行动。

因此，我们不应该把时间浪费在这种人身上，我们可以给他们一到两次做出改变的机会。如果他们是年轻人，兴许我们可以多花点力气提携一下，但外部的力量毕竟是有限的。幸运的是，组织中仍然有足够多的人想真正做事，我们不需要对他们进行冗长的解释，或者教他们如何去正面思考。我们应该与他们合作，为他们提供表现的机会，将这些人树立为榜样，为大家提供参照。

无论是哪种类型的组织，如果一定要提供激励、给出理由，员工才能开始做事的话，那么这个组织的运作一定出现了问题。或许在组织状况较好的"晴朗期"问题还没有显现，但在其他阶段，组织将无法运转。

无论身在何处，倾你所有，尽你所能。

在登山运动中也一样，如果没有正面思考以及相应的想象力，就很难获得高山仰止的伟大成就。相比于其他领域，我们在登山中会遇到更多感觉"我不行了"的状况。正面思考和想象力在面对高难度攀登时能够发挥独特的作用，帮助我们对事件进行心理预演。莱因霍尔德·梅斯纳尔为了降低攀登时的风险，也会在登山前于脑海中反复模拟攀登的情景。在其他的运动训练中人们也发现了这种方法，会对一些复杂的动作进行心理模拟，直到在现实中能够真正地做到。在高难度的攀登中，这一点尤为重要。

常规与完美

进行任何一种运动都需要掌握一些常规技巧。若想有一流的表现，就必须具备完美而精湛的技巧。即使是最有天赋的运动员，他们成功的"秘诀"也在于持之以恒的练习。登山运动也要求我们熟练地掌握一些基本技能，如绳索的操作、各种不同的安全保护技巧，以及在攀冰时使用冰锤和登山杖的必要步骤。在高海拔登山中，我们还需要会搭建营地、搭帐篷以及做饭等。这些都是可以通过后天学习掌握的技能。

在登山运动中，每一个动作都必须熟练掌握，即使在严寒、大风、能见度低、雨雪等最恶劣的条件下，即使我们已经近乎精疲力竭，也不能有一丝一毫的懈怠。只有当我们将一系列动作完美地内化和常规化后，才能开始依赖我们的直觉和本能。很多人持完全相反的观点，但这是行不通的。

在这一点上，管理与登山的要求非常相似，尤其是高层管理。虽然通常情况下管理失误所带来的后果不会直接威胁到人的生命安全，但会对财物和社会造成危害。此外，在某些领域，不当的管理也可能危及他人的生命和健康，例如工厂里的工人、飞机上的乘客、医院里的病人等。要想在管理和登山中获得成功，对常规工作的精益求精是前提，常规工作绝非人们通常所认为的障碍。

优秀的管理者都意识到了这一点，就像登山者对自身的运动技能有极高的要求一样，他们也对自己和自身专业技能提出了同样的要求。管理这个职业也需要兢兢业业的匠心。制定目标、组织工作、做出决策、进行控制并加以正确地引导——如果我们想把管理做对、做好，就必须在这些方面精益求精。

要学会保护自己　不断精进和完善不仅是登山的要求，也是管理的要求。登山运动员会不断地练习打结技巧，直到在睡梦中也能掌握这个技能。实现这一目标只能通过持之以恒地练习，直到能够做到不仅能在温暖的房间里用双手打结，还能在寒冷的环境中湿着手用单手打结，且不论是干绳还是湿绳都能顺利操作，甚至能够做到无论在任何环境中都可以戴着湿手套进行左右两手的单手打结。除此之外，他们还必须不断地练习设置和拆除保护站、固定前后人员、处理单绳和双绳以及下降动作，直到达到在任何可以想象的情况下，甚至在昏昏欲睡时也能专业安全地进行操作。

在登山时，我和赫尔曼很少会处于有客观危险的极端环境中。有一次在塞拉塔峰上，当我第一次用阶梯爬上加德纳路线（Grödner-Route）上的一个宽阔的悬空俯角时，内心感受到了巨大的恐惧。与此同时，一场暴风雨以超出预料的速度袭来，由于我攀爬的速度过慢，我们完全来不及逃离。

我自顾自地忙碌着，甚至没有注意到从西边迅速逼近的乌云。突然间，一阵大风将我们的一个悬梯吹成水平，雷雨席卷而至。当时，我还在悬空俯角的下方，那里还是干的，但在上方赫尔曼设置保护点的地方，密集的雨点已经纷纷落下。

刚开始攀登的时候天气还很好，转眼却完全不一样了。我们当务之急就是要加快速度，为了避免闪电，我们必须尽快下撤。

但前提是我必须要先爬到上面的保护点，不知怎么，我居然成功爬上去了，当时已经完全喘不过气来了，感觉又冷又湿……我迅速从背包里拿出了风衣。之后，赫尔曼开始从边缘带领我下撤，过程中他展现出了超高的向导水平。当时已经有七八支登山队被困在那里，对于大多数人来说，在这种天气条件下进行下撤是极具挑战性的，用于下撤的绳索已经完全湿透，缠绕在一起，山中大雨倾盆，电闪雷鸣，下降保护点附近十分拥挤，仿佛下撤的可能也被堵住了……我们完全有可能被困在山上几个小时，但是凭借着赫尔曼高超的下降技术和专业的指导，我们在30分钟后就成功下山，10分钟后，我们终于浑身湿透地回到了停在塞拉山口的干燥温暖的车里。

责任与伦理

在现代组织和社会中，管理是最重要的推动力。对于这个观点，人们褒贬不一。无论人们职业如何，作为组织的成员或用户，作为雇员或消费者，作为患者或医生，作为学生或教师，组织都必须按照既定的功能正常运作。管理通过有效的组织运作将资源转化为效益。为了达到这一目的，就必须对其进行设计、规范、指导和开发，换言之，就是对组织进行正确的、良好的管理，这其中也包括责任与伦理。

一旦我们明确了何为管理，何为正确的管理，那么只要我们有勇气做出决策，关于责任和道德的问题的解决方案就会一目了然。指导方针不难制定，但具体的决策仍然取决于管理者个人。

奇维塔山，2003

斯科托尼峰,拉塞德利路线,1994 年

奇维塔山,索勒德路线,2003年

五指山（Fünffingerspitze）

拇指峰（Daumen），2007 年

下撤途中

我之所以在这里使用"伦理"一词，是因为经常有人拿这个词向我提问。实际上，管理者必备的品质就是责任感。伦理往往涉及的是更重大的问题，而不仅仅是简单的管理问题。我们没有必要利用伦理来决定高层管理者应该具有的特质。要成为一名合格的管理者，要履行自己的职责，具备健全的理智，拥有良好的行为习惯，以及对周围的人们有一定的了解和同理心，这就足够了。

管理者的三重责任

管理者需要对什么负责？首先，他们要对自己负责，要对个人的绩效和产出负责。其次，管理者要对他人、对员工及员工的绩效和产出负责。最后，管理者还需要对自己的机构、绩效和产出负责。管理者有责任确保每个员工都能够发挥自己的优势，并达到最佳效能。**如果管理者不能直接或间接地影响某件事的成功，便不能承担这种责任**。但是，管理者没有责任去改变员工，尤其是员工的个性。每个人都有改变自己的自由，但这是他们的个人决定。管理者必须能够区分事实与表象、内容与形式、正确与错误、功能与时尚。如果连这一点都做不到，那他就不能算作一名专业的管理者，甚至可能给组织带来风险。

想要让管理者意识到自身的责任，登山并不是必经之路，但登山可以提高人们的风险意识和个人责任意识。在登山中，粗心大意是不负责任的表现，即使是一件小事也是至关重要的。若由于疏忽忘记了一件登山装备，则可能会导致生命危险。正如在高空飞行一样，起飞前的全面检查和二次检查都是负责任的表现。

但是，责任不是什么天赋、能力甚至什么玄乎其玄的东西。我把与责任相关的东西称为伦理。但我在此所说的伦理并不是西方伟大哲学中的道德伦理准则，而是更朴素、更简单的东西，可以说是一种日常意义上的职业伦理。其最终含义是：人们可以为自己所做的和未做到的事情负责。

从严格的意义上讲，我们无法教导他人承担责任。我们只能呼吁或要求他人承担责任，或通过法律手段强制他人承担责任，但这些仅仅是辅助手段。重要的是，我们在生命的某一时刻必须做出高度自律的决定。有些人在一生中会坚定地为自己所做的事情负责，这也是真正优秀的管理者的过人之处。他们拥有责任感、义务感、工作努力、认真负责，优秀的登山向导也是如此。法律可以约束公民的行为，使其不违法乱纪。遵守伦理则意味着，就算我能够合法地做一些事情，也主动选择不这样做，因为这种行为会对其他人、对组织的运作，以及对管理这一重要的社会职能的成效性和声誉产生负面影响。

社会高效运转的关键

我所理解的管理，体现在一切都正常运转的社会功能上。只有正确的管理才能使组织发挥作用，并保证社会的活力。没有管理，任何社会制度都无法建立和存在。无论在哪里，凡是行不通的事情，原因都在于管理不当或出错，管理方式、管理制度陈旧，或者管理方法过时。

个人生存的关键

现如今,正确的管理往往有着更深、更广的含义。它同样可以指一种管理生活的能力。21世纪学习通过管理来提高效能与18世纪人们学习阅读、书写和计算同等重要,是保障就业的基本前提。与过去相比,我们如今生活在一个完全不同的社会之中,其中包含着无数的组织。从前,人们的生活主要集中在家庭、小农场或是小企业中,仅有的重要组织是政府、教会和军队。如今,世界已经发生了翻天覆地的变化,几乎每个人都在组织内部工作或服务于组织。这就要求我们尽早学会如何在组织内卓有成效地工作,同时也要学会如何合理地利用组织。

通过正确、良好的管理和自我管理,每个人(是的,我指的是每个人)都可以从自身的才能、优势和经验中挖掘出比想象中更多的宝藏。当今社会(包括发达国家在内)面临诸多紧迫的挑战,如教育缺失、资源浪费、激进主义等。调动潜在的效能便是解决方案之一,这意味着我们需要以正确的方式管理自己和他人,充分挖掘效能的潜力。我们不需要做更多的工作,而是要更有成效地工作。正确管理的成本几乎为零,无需投资。它需要的是深刻的洞察、正确的知识和信息、对效能的重视以及正确管理的意愿。

正确的管理影响着每一个人。掌握正确的管理方法意味着掌握了生活技能。在我看来,个人管理和组织管理是整个管理系统的两个重要方面。这种管理方式能够使人们认识到自己的优势,并将其顺利转化为业绩,找到人生的意义并获得成就感。

参考文献

Amstädter, Rainer: *Der Alpinismus. Kultur – Organisation – Politik*, Wien 1996.

Bonatti, Walter: *Die Berge meines Lebens*, München, 2. Auflage 2011.

Buhl, Hermann: *Achttausend drüber und drunter. Mit den Tagebüchern von Nanga Parbat, Broad Peak und Chogolisa*, München 2005, 4. Auflage 2010.

Cassin, Riccardo: *Capocordata. La mia vita di alpinista*, Turin, 2001.

Csikszentmihalyi Mihaly: *Good Business. Leadership, Flow, and the Making of Meaning*, New York 2003.

Dörner, Dietrich: *Die Logik des Misslingens. Strategisches Denken in komplexen Situationen*, Reinbek bei Hamburg 1989, 2004.

Drucker, Peter F.: *The Effective Executive*, New York 1966.

Frankl, Viktor: *Bergerlebnis und Sinnerfahrung*, Innsbruck/Wien, 6. Auflage 2008.

Frankl, Viktor: *Der Mensch vor der Frage nach dem Sinn*, München/Zürich 1979, 3. Auflage 1994.

Galler, Klaus: «Das Missing Link der Management Education», in: *Richtiges und gutes Management. Vom System zur Praxis, Festschrift für Fredmund Malik*, Bern/Stuttgart/Wien 2. Auflage 2005.

Harrer, Heinrich: *Die weiße Spinne. Die Geschichte der Eiger-Nordwand*, Darmstadt 1962.

Hillary, Sir Edmund: *Die Abenteuer meines Lebens. Der Himalaja und andere Herausforderungen*, München 2001, 3. Auflage 2008.

Kaltenbrunner, Gerlinde: *Ganz bei mir. Leidenschaft Achttausender*,

München 2009, 3. Auflage 2012.

Kammerlander, Hans: *Abstieg zum Erfolg*, München 2000.

Kammerlander, Hans: *Bergsüchtig. Klettern und Abfahren in der Todeszone*, München 2009.

Lindemann, Hannes: *Allein über den Ozean*, Berlin 1993.

Lacedelli, Lino: *K2 – Il Prez zo Della Conquista*, Mailand 2004.

Malik, Fredmund: *Führen Leisten Leben. Wirksames Management für eine neue Zeit*, Frankfurt/Main 1999, 32. Auflage 2013.

Malik, Fredmund: *Management. Das A und O des Handwerks*, Band 1 der Reihe «Management: Komplexit.t meistern», Frankfurt/ New York, 2., erweiterte Auflage 2013.

Messner, Reinhold: *Berge versetzen. Credo eines Grenzgängers*, München 2010.

Messner, Reinhold: *Mein Leben am Limit*, München 2005.

Messner, Reinhold: *Siebter Grad*, München 1973, 3. Auflage 1985.

Oelz, Oswald: *Mit Eispickel und Stethoskop*, Zürich 2011, Neuauflage München 2013.

Pelzmann, Linda: «Das Schwarze Buch. Informationsquelle für verborgene Risiken», in: *Die Critical Incident Methode*, Malik Letter 01/2001.

Pohl, Friedrich-Wilhelm: *Die Geschichte der Navigation*, Hamburg 2004.

Rabanser, Ivo: *Dolomiten. Routen und Erlebnisse*, Mailand 2005, 2. Auflage 2007.

Rabanser, Ivo: *Reinhold Messners Kletterfavoriten. Auf den Spuren der Bergsteigerlegende in den Dolomiten*, München 2011.

Radlinger, Lorenz/Iser, Walter/Zittermann, Hubert: *Bergsporttraining. Kondition, Technik und Taktik aller Bergsportdisziplinen*, München, 2. Auflage 1989.

Schubert, Pit: *Sicherheit und Risiko in Fels und Eis*, Bände 1–3, München 2008.

作者介绍

弗雷德蒙德·马利克
(Fredmund Malik)

欧洲的管理泰斗之一，欧洲著名的管理大师和管理教育家。他是欧洲多家大型公司董事会、监事会成员，众多知名公司的战略和管理顾问，培训过数千名管理人员。他的管理思想影响着欧洲诸多的管理精英及其管理实践。弗雷德蒙德·马利克教授的管理著作极为丰硕，其中《管理成就生活》一书自 2000 年首次出版以来，一直位列畅销书榜，被评为欧洲十大畅销管理书籍，至今已再版 3 次重印 20 多次，并被翻译成 12 种语言。2016 年，马利克教授获得了"中国政府友谊奖"的荣誉，这是中国政府为表彰在中国现代化建设中做出突出贡献的外国专家而设立的最高荣誉奖项。

马利克的管理思想
正在以下组织中得到运用

德国大众　戴姆勒－克莱斯勒　宝马集团
德国莱茵集团
索尼　西门子　贝塔斯曼
…………